Racine et la tragédie classique

ALAIN NIDERST
Professeur à l'Université de Rouen

Deuxième édition revue et corrigée

14e mille

ISBN 2 13 039741 7

Dépôt légal — 1re édition : 1978
2e édition : 1986, août

Chapitre Premier

RACINE ET SON TEMPS

Dès 1660, le jeune Racine s'était tourné vers une carrière littéraire ; il avait écrit un poème, la *Nymphe de la Seine*, et une tragédie, l'*Amasie*, qu'il ne parvint pas à faire représenter. Son second essai dans ce genre, une pièce consacrée aux amours d'Ovide, ne réussit pas mieux l'année suivante. Il composa encore, en 1662, une *Théagène et Chariclée*, qui fut également refusée par les acteurs. C'est en 1663 que Molière, pour faire pièce à *La Thébaïde* de Boyer, que montait l'Hôtel de Bourgogne, lui suggéra d'écrire une tragédie sur le même sujet ; elle fut créée en juin 1664.

Se succédèrent ensuite *Alexandre* (4 décembre 1665), *Andromaque* (17 novembre 1667), *Britannicus* (13 décembre 1669), *Bérénice* (21 novembre 1670), *Bajazet* (janvier 1672), *Mithridate* (janvier 1673), *Iphigénie* (août 1674), *Phèdre* (janvier 1677) et, après un long silence, *Esther* (janvier 1689) et *Athalie* (janvier 1691).

Onze tragédies ont suffi à Racine pour prendre la première place dans le théâtre et même la poésie. De Voltaire à André Gide, si l'on excepte la longue éclipse de l'époque romantique, cette œuvre n'a cessé de susciter l'admiration, voire l'enthousiasme. Elle paraît réaliser l'idéal du classicisme. On en loue la sobriété, la rigueur, l'élégance. On n'hésite pas à parler de sa *perfection*. Mais ces jugements, presque unanimes, ne doivent pas nous voiler ce que furent ces pièces en leur temps. Il importe de bien voir la variété de Racine, les souples métamorphoses de son art, qui semble toujours, d'une tragédie à l'autre, se chercher et se renouveler, et il importe d'abord, pour comprendre la genèse de ses pièces, de considérer l'état du théâtre à l'époque où il commença d'écrire, et toutes les conventions et les limites qu'il rencontrait.

I. — La tragédie française en 1660

La tragédie avait connu une longue éclipse entre 1648 et 1656, et la nouvelle génération préférait la tragi-comédie espagnole de cape et d'épée. Cette vogue s'évanouit après la création du *Timocrate* de Thomas Corneille, qui fit renaître la grande tragédie. Mais ce genre prit alors deux visages différents. *Timocrate*, *Bérénice* et *Darius* de Thomas Corneille, *Amalasonte*, *Le Feint Alcibiade* et *Le Mariage de Cambyse* de Quinault sont des tragédies ou des tragi-comédies galantes. Tirées souvent d'œuvres de La Calprenède ou de Madeleine de Soudéry, elles utilisent tout l'arsenal romanesque : travestissements, substitutions d'enfants, princes cachés ou déguisés, reconnaissances. Elles visent, avant tout, à surprendre et à émouvoir. Le pathétique y est recherché par tous les moyens, même les plus invraisemblables et les plus vulgaires. L'amour est, au fond, le seul thème de ces œuvres. C'est l'amour précieux, un élan fatal, qui emporte tout l'individu, et, au mépris parfois de toutes les lois éthiques, le conduit au bonheur. La seule morale consiste à céder à l'innocent appel des passions, qui procurent de délicieuses surprises et d'infinis plaisirs.

A ce genre s'oppose la tragédie classique, qui se refuse à ces facilités. Elle renaît avec *La Mort de Commode* de Thomas Corneille. Quinault lui-même consent à éliminer le romanesque dans *Stratonice*, et quand Pierre Corneille revient au théâtre, c'est évidemment pour y donner de grandes tragédies sérieuses et sobres et non des mélodrames galants. Dans la préface de *Sertorius* et dans celle de *Sophoniste*, il oppose hautement la gravité de son art aux facilités où se complaisent ses contemporains. Ses pièces seront donc solidement construites, et les coups de théâtre qui y apparaissent ne seront jamais les puérils effets de la tragédie romanesque. Son sujet sera bien moins l'amour que la politique. Il s'attachera à la fois à reconstituer de façon précise un moment de l'histoire universelle et à analyser les intrigues de cour et de cabinet. A travers un tableau aussi exact que possible de Rome ou de Byzance, il nous offre une méditation méthodique sur les ministres, les courtisans et les princes, leurs buts, leurs devoirs, les moyens auxquels ils recourent.

Le public semble hésiter. Le succès des œuvres de Quinault est indéniable, mais les critiques sont fort réticents, voire hostiles. Ils ont vite fait de relever les platitudes et l'infantilisme qui souillent ces pièces. Les tragédies de Corneille rencontrent un accueil inégal, mais les contemporains de Louis XIV avouent souvent une certaine lassitude devant cet art si austère et ces réflexions, peut-être trop savantes ou trop abstraites, sur la marche de l'histoire et les lois de la politique.

Racine saura écarter à la fois le pathétique facile de la tragédie romanesque et l'excessive sévérité de la tragédie cornélienne. Comme Quinault, il cherchera à émouvoir le spectateur, mais par d'autres moyens. Comme Corneille, il peindra la vie de la cour, les ambitions et les ruses qui animent cet univers, mais il voudra rendre ce tableau plus « vivant » et plus humain. La notion de *vraisemblance*, à laquelle il proclame si souvent son attachement, est peut-être la clef de son œuvre ; elle signifie à la fois la vraisemblance dramatique, et donc le refus des merveilles et des surprises romanesques, et la vraisemblance psychologique, ce qui implique des héros plus passionnés, plus tendres, voire plus faibles, que les personnages cornéliens.

En tout cas, à travers toutes ses œuvres, il entretient un dialogue souvent difficile, ou même agressif, avec ses rivaux, qui lui répliquent sur le même ton. Dans la Préface d'*Andromaque*, il s'en prend aux « doucereux », dans celle de *Britannicus* à Corneille. Les deux *Bérénice*, les deux *Iphigénie*, les deux *Phèdre* sont les moments les plus éclatants de cette querelle qui se prolonge et se renouvelle sans fin. Il existe d'évidents rapports entre *Andromaque* et *Pertharite*, entre *Othon* et *Britannicus*, entre *Attila* et *Mithridate* — rapports complexes, puisque chacun imite son rival, s'efforce de le surpasser sur son terrain, d'éviter les erreurs où il est tombé. Cette guerre, qui eut souvent des aspects mesquins, fut aussi une noble émulation, qui contraignit Racine, ainsi que le vieux Corneille, à de constants efforts pour parfaire et varier leur art.

II. — La dramaturgie classique

Les tragédies jouées après 1660, qu'elles soient de Quinault, de Pierre ou de Thomas Corneille, présentent un ensemble de traits identiques. Cette forme, qui définit de façon générale la tragédie louis-quatorzienne, a été atteinte en rejetant bien des procédés ou des usages de l'époque Louis XIII. C'est ainsi que le nombre des personnages tend, au cours du XVIIe siècle, à s'abaisser ; les figures secondaires, et parfois pittoresques, s'évanouissent ; le confident, ce personnage indispensable et insipide, tend à s'individualiser, à prendre un caractère et un rôle propres. Bien des formes admises à la fin du XVIe siècle et au début du XVIIe siècle disparaissent ou se raréfient : les chœurs, les stances, qu'on ne trouve plus après l'époque de la Fronde, les monologues, qui sont de moins en moins longs et de moins en moins nombreux. L'unité de lieu est entendue de façon de plus en plus rigoureuse, et il importe qu'elle n'introduise pas d'invraisemblance par la rencontre en la même salle de personnages qui ne devraient pas s'y trouver. L'unité de temps connaît le même développement et rencontre des difficultés analogues.

Cette évolution est logique et cohérente. Elle conduit à la simplicité et à la vraisemblance au détriment du pittoresque et de la fantaisie. Au demeurant, cette vraisemblance n'est pas absolue, elle tolère — et comment en serait-il autrement au théâtre ? — bien des conventions, en particulier dans le langage des acteurs : les longues tirades sont évidemment un peu choquantes pour le spectateur moderne, et marquent la primauté de la rhétorique sur le réalisme.

Telle est la forme qui règne au temps de Racine, et dans laquelle il va se mouler. On sait avec quelle maîtrise il se pliera aux règles des unités et à la plupart des principes classiques. Mais il est évident qu'il les appliquera différemment d'une pièce à l'autre ; sa dramaturgie ne saurait se ramener à ces recettes élémentaires, qu'elle sait utiliser et transcender à la fois. Notons d'ailleurs que sur certains points Racine va à contre-courant du goût qui domine en son temps ; il n'hésitera pas dans *Esther* et dans *Athalie* à réintroduire les chœurs qui avaient disparu ; dans toutes ses œuvres, les monologues sont plus nombreux et plus longs que dans la plupart des tragédies de son époque.

III. — Les troupes théâtrales

Modelé par les formes tragiques qui l'ont précédé et qui l'entourent, le théâtre racinien est également tributaire des acteurs qui le jouent. Trois troupes sont alors en concurrence à Paris. Celle de Molière, installée au Palais-Royal, celle du Marais, la plus obscure et la plus misérable, et celle de l'Hôtel de Bourgogne, qui jouit, depuis longtemps, d'une situation privilégiée. On sait que Racine ne se gêna pas pour quitter Molière, qui l'avait aidé à ses débuts, et pour porter l'*Alexandre* à l'Hôtel de Bourgogne, alors même que cette tragédie était encore représentée au Palais-Royal.

La rivalité de l'auteur du *Cid* et de l'auteur d'*Andromaque* fut, dès lors, doublée d'une guerre entre la troupe de Molière, où Corneille faisait jouer la plupart de ses pièces, et les Grands Comédiens de l'Hôtel de Bourgogne, qui créèrent toutes les tragédies de Racine. Dans cette troupe, le poète trouva d'illustres acteurs, Floridor, La Fleur, Mlle des Œillets, et surtout les deux femmes qu'il aima, Thérèse Du Parc et Marie Champmeslé. C'est pour Thérèse Du Parc que fut écrit le rôle d'Andromaque, pour la Champmeslé que furent écrits ceux de Bérénice, d'Atalide, de Monime, d'Iphigénie, de Phèdre, et, malgré l'évidente diversité de tous ces personnages, certains traits communs qui apparaissent entre eux, certains effets identiques qui se retrouvent dans les tirades qu'ils prononcent, peuvent s'expliquer par la personnalité de l'actrice qui les créa et la nature de son jeu. Nous ne pouvons qu'indiquer cette piste ; notons seulement que tous les premiers rôles féminins du théâtre de Racine, à partir de *Bérénice*, se caractérisent par la recherche d'un pathétique sans emphase ; ce sont les plaintes de la reine de Judée, celles de Monime, la prière d'Iphigénie, les lamentations de Phèdre. D'ailleurs, la Champmeslé n'a pas joué Roxane, mais Atalide (1), la princesse malheureuse et non la sultane criminelle. C'est « le doux Racine », semble-t-il, qui triompha par la bouche de la Champmeslé, et le rôle de Phèdre, situé dans cette perspective, à la suite de celui de Monime et de celui d'Iphigénie, prend un visage plus pitoyable qu'on ne l'imagine d'ordinaire, plus juvénile peut-être et moins violent... En tout cas, nous savons que Racine lui-même enseignait à sa maîtresse la diction de ses vers, et les contemporains, souvent avec malveillance, ont souligné tout ce qu'il devait à la troupe qui le jouait, et surtout à son actrice favorite.

IV. — Le roi

Protégé par Mme de Montespan, Racine fut le dramaturge de Louis XIV. Il prit ainsi une fonction officielle. Certes, toutes ses tragédies ne renferment pas une réflexion explicite sur les guerres du roi ou les amours de Versailles, mais enfin on ne saurait refuser au poète ce rôle qu'il assuma devant la Cour et la Ville. Son théâtre fut toujours un reflet de la vie privée et de la vie publique du prince, mais un

(1) J. Schérer, *La dramaturgie classique...*, p. 260.

reflet officiel. Il s'agit souvent de glorifier le souverain, peut-être même de faire comprendre ses projets et ses actes, la grandeur et les souffrances de son « métier ». Sans doute cette mission put-elle se nuancer et se compliquer. Racine ne sera pas un banal thuriféraire. Mais les ombres qu'il discerne dans le faste ne sauraient l'emporter ; elles sont toujours reprises dans une sacralisation du monarque et de la monarchie. C'est pourquoi nous n'oserions que timidement envisager une analyse politique du théâtre racinien : il faudrait discerner ce qui est dit et ce qui est tu, la part de la contrainte, la part de l'allusion, le sens des silences.

Chapitre II

LES SUJETS

I. — Les sources

Racine recourt aux mêmes sources que ses contemporains. *La Thébaïde*, *Andromaque*, *Iphigénie* et *Phèdre* émanent du théâtre antique, Sophocle, Euripide, Sénèque surtout. *Alexandre*, *Britannicus*, *Bérénice*, *Mithridate*, sont sortis de la lecture des historiens de l'Antiquité, Quinte-Curce, Appien, Tacite, Suétone, Plutarque. *Esther* et *Athalie* de l'Ancien Testament. *Bajazet*, ce qui est plus rare, mais non exceptionnel, de l'histoire contemporaine.

Dans la plupart de ses préfaces, Racine, selon l'usage de son temps, proteste de sa fidélité à la Fable ou à l'histoire, et explique ses innovations. Son Andromaque, contrairement à celle d'Euripide, « ne connaît point d'autre mari qu'Hector, ni d'autre fils qu'Astyanax ». Il a inventé l'amour de Néron et de Britannicus pour Junie, l'amour d'Antiochus pour Bérénice, l'amour de Roxane et d'Atalide pour Bajazet, l'amour de Pharnace et de Xipharès pour Monime, le personnage d'Eriphile qui permet de donner un dénouement agréable et pas trop invraisemblable au drame d'Iphigénie, et le personnage d'Aricie qui humanise Hippolyte. La bienséance a inspiré certains de ces changements — ainsi l'idéalisation d'Andromaque, et quelques corrections apportées à l'intrigue de *Phèdre*, puisque ce n'est plus l'héroïne qui accuse Hippolyte, mais sa nourrice, et que le prince n'est pas accusé d'avoir violé sa belle-mère, mais seulement d'y avoir songé.

Cependant, plus que la bienséance, et que d'ailleurs la vraisemblance, c'est le souci de l'intérêt dramatique qui a entraîné le poète. Il est évident que le drame est à la fois plus humain et plus violent, s'il est possible de supposer une intrigue d'amour qui oppose les protagonistes. En ce sens, les modifications que Racine apporte à ses sujets tendent, jusqu'à un certain point, à les uniformiser et à les mouler tous dans une dramaturgie presque stéréotypée, qui s'impose d'ailleurs à ses contemporains autant qu'à lui-même et qui émane bien plus du goût et des habitudes du public que des obsessions du poète...

Ce travail d'unification est compensé par la diversité des sujets. Si l'on excepte *La Thébaïde*, qui lui fut commandée par Molière, et *Bérénice*, qui lui fut inspirée par la duchesse d'Orléans, le poète a librement choisi tous ses sujets. On voudrait savoir quels mobiles l'ont poussé.

Encore faut-il revenir aux sujets, tels qu'ils se présentent « à l'état naturel », si l'on ose dire, tels qu'ils apparaissent chez les devanciers du poète, et non tels qu'il les a nuancés et modifiés.

Le scénario d'*Alexandre* est un extrait de Quinte-Curce. « C'est là qu'on peut voir tout ce qu'Alexandre fit lorsqu'il entra dans les Indes, les ambassades qu'il envoya aux rois de ce pays-là, les différentes réceptions qu'ils firent à ses envoyés, l'alliance que Taxile fit avec lui, la fierté avec laquelle Porus refusa les conditions qu'on lui présentait, l'inimitié qui était entre Porus et Taxile ; et enfin la victoire qu'Alexandre remporta sur Porus, la réponse généreuse que ce brave Indien fit au vainqueur qui lui demandait comment il voulait qu'on le traitât, et la générosité avec laquelle Alexandre lui rendit tous ses Etats et en ajouta beaucoup d'autres » (Préface d'*Alexandre*). Le sujet, tel que Racine le présente, n'a été évidemment choisi que pour sa conformité aux conventions et aux fastes de la haute littérature galante, et pour l'occasion qu'il offrait de célébrer la grandeur et l'éclat du jeune Louis XIV.

Dans le troisième livre de l'*Enéide*, apparaît « la triste Andromaque », qui gémit près du tombeau d'Hector, regrette la destruction de sa patrie, son esclavage et « les transports d'un guerrier superbe », et rappelle comment Oreste immola Pyrrhus « au pied des autels de sa patrie ». « Voilà, ajoute Racine, tout le sujet de cette tragédie » (Préface d'*Andromaque*). Ainsi le poète aurait d'abord été touché par cette « triste » histoire, qui enchaîne la fin d'une puissante ville, le veuvage et la captivité d'une princesse, la passion et la mort d'un guerrier — tout un faisceau de thèmes affligeants et cruels, qui semblent illustrer la misère même de la condition humaine et la férocité du destin.

Britannicus marque évidemment le souci de peindre la cour avec les passions d'un souverain, les lâchetés des conseillers, les vaines exhortations des précepteurs vertueux. Mais, dans Tacite, Racine est allé chercher l'un des sujets les plus tendres, avec la figure du jeune prince « qui a beaucoup de cœur, beaucoup d'amour, beaucoup de franchise et beaucoup de crédulité », l'un aussi des plus tristes, avec la mort de ce jeune prince. Racine aurait pu, après Cyrano, représenter *La Mort d'Agrippine*, mais il a préféré une page plus émouvante des *Annales* : l'empoisonnement de Britannicus semble plus injuste, et plus touchant, que l'exécution de la vieille impératrice.

Pourquoi *Bajazet* ? Comment pourrions-nous jamais comprendre pourquoi Racine fut à ce point séduit par cette obscure histoire de sérail ? Il la doit au chevalier de Nantouillet, et à Segrais, qu'il ne cite pas dans sa préface. Bajazet était « un prince de grande espérance », « un prince de bonne mine », « à qui on permettait de se promener quelquefois à la pointe du sérail, sur le canal de la mer Noire ». Epargné « ou par politique ou par amitié » par Amurat « jusqu'au siège de Babylone », il fut alors exécuté ; les « amours de Bajazet et les jalousies de la sultane » furent peut-être connues du comte de Césy, qui fut ambassadeur de France à Constantinople ; elles sont, en tout cas, narrées dans la *Floridon* de Segrais. Ainsi, Racine, touché peut-être par l'atmosphère sombre et sanglante qui semble régner en Turquie, va chercher dans les chroniques de cet Etat une histoire aussi pathétique que celle de *Britannicus* : les malheurs d'un jeune prince captif, amoureux, victime à la fois de la jalousie d'une amante toute-puissante et des craintes d'un frère implacable.

La grandeur et la mort du roi du Pont font le plus visible sujet de *Mithridate*, mais peut-être Racine a-t-il été davantage ému par la mort de Monime, car il rapporte longuement dans sa Préface la traduction qu'Amyot a donnée de cet épisode de Plutarque. « Il y a des historiens, ajoute le poète, qui prétendent que Mithridate fit mourir [le] [...] jeune prince [Xipharès] pour se venger de la perfidie de sa mère. » Ainsi, malgré le dénouement grandiose et réconfortant, c'est encore le malheur et la mort des jeunes amoureux, qui semblent avoir d'abord inspiré le poète.

Iphigénie se prête aux mêmes remarques. Le sacrifice de la jeune fille, que les poètes ont relaté, et le miraculeux dénouement qui permet d'éviter l'horreur, mais autorise le pathétique... Tout le monde sait que, dans Euripide et Sénèque, la mort d'Hippolyte est le sujet essentiel de *Phèdre*. Même si Racine a métamorphosé cette donnée en grandissant l'épouse de Thésée, il est encore une fois parti de l'histoire lamentable d'un jeune homme immolé injustement.

Le poète a voulu que Britannicus et Junie, que Monime et Xipharès, qu'Iphigénie et Achille, qu'Hippolyte et Aricie, s'aimassent. Ainsi a-t-il renforcé toujours de la même façon le pathétique contenu dans les sujets qu'il avait choisis. Attiré d'abord par les histoires qui montrent la mort injuste d'un être jeune et tendre, il s'est attaché, en prêtant de l'amour à ce personnage, de rendre son exécution ou son suicide plus cruels et plus émouvants. Parfois un dénouement miraculeux sauve l'innocence, et l'amour, mais enfin toutes les tragédies paraissent exprimer, ou frôler, le même thème — le malheur et la mort immérités de jeunes gens tendres et « lumineux ». Cruauté, sadisme même, du poète — ou simple complaisance au goût de sa génération pour ces évocations déchirantes ? A quoi bon en débattre ? Le génie de Racine fut sans doute la parfaite adéquation d'un tempérament personnel et d'une esthétique dominante. L'auteur est le premier spectateur, et le grand auteur est souvent celui qui sait mettre tout son cœur, toute son affectivité, tout son passé, dans un thème banal qui s'impose à son siècle.

Esther et *Athalie* sont peut-être d'une conception

moins originale, mais enfin la mort possible de la reine et du jeune Joas, et, dans l'un et l'autre cas, de tout le peuple juif, peut encore être considérée comme une reprise de ces sujets poignants dont se sont nourries les tragédies précédentes.

Mort d'un enfant (Astyanax, Joas), d'un jeune homme ou d'une jeune fille amoureux (Britannicus, Bajazet, Monime, Xipharès, Iphigénie, Hippolyte), tel est bien le sujet de la plupart des pièces de Racine. Reste que la victime peut périr (Britannicus, Bajazet, Hippolyte), ou être épargnée par une sorte de miracle (Monime, Xipharès, Iphigénie). *Andromaque* est plus ambiguë, puisque l'enfant est sauvé, mais au prix d'une grande tuerie ; dans *Athalie*, le salut et la victoire de Joas ne sont pas vraiment miraculeux, puisque nous voyons toute l'action du grand prêtre, qui y aboutit, mais ce dénouement ne saurait absolument nous réconforter ; la vendetta se poursuivra indéfiniment, et l'enfant désigné par Dieu deviendra, lui aussi, un criminel...

Bérénice ne paraît pas rentrer dans ce cadre. Personne n'est menacé, et si l'on admet que la rupture de Titus et de Bérénice nous émeut autant que l'enfant qui doit mourir, les victimes sont aussi les bourreaux, et leur crime est justifié, situé dans une atmosphère de haute morale politique.

Enfin, à travers maintes nuances, nous pouvons déjà reconnaître que Racine semble s'être, avant tout, attaché à exciter l'angoisse et la pitié de son public pour une créature innocente et menacée, et qu'ensuite il a tantôt préféré conduire ces menaces jusqu'à leur sanguinaire aboutissement, tantôt les faire avorter par l'intervention d'un Dieu sauveur...

Il se découvre d'ailleurs une certaine cohérence dans la suite des tragédies raciniennes. Si nous exceptons les trois premières pièces où le poète paraît se chercher à travers des formes très différentes, parfois trop conformistes *(Alexandre)*, parfois plus personnelles et plus déconcertantes *(La Thébaïde, Andromaque)*, nous trouvons ensuite deux tragédies romaines (*Britannicus* et *Bérénice*), deux tragédies orientales (*Bajazet* et *Mithridate*), deux tragédies grecques (*Iphigénie* et *Phèdre*), deux tragédies juives (*Esther* et *Athalie*).

La langue de Racine et l'âme de ses personnages sont modelées par l'époque et la nation qui sont représentées. *Britannicus* est tout romain, et l'on y retrouve les images et la syntaxe de Tacite ; dans *Iphigénie* et surtout dans *Phèdre* se remarquent au contraire l'invasion de la poésie grecque, des réminiscences de Sophocle, d'Homère, d'Euripide. La nudité de *Bajazet*, si proche d'ordinaire de la prose, était sans doute l'expression qui paraissait à Racine la mieux adaptée à la barbarie turque. *Mithridate* est plus ambigu, comme si l'Orient y cherchait sa poésie, et d'ailleurs la grecque Monime y introduit des plaintes qui évoquent Antigone ou Electre... D'autre part, la violence d'Agrippine et de Néron, la férocité d'Amurat, la sensibilité d'Agamemnon et de Phèdre, l'ardeur de Mardochée et de Joad reflètent leur nation. Encore serait-il possible de nuancer ; la Grèce primitive a d'autres couleurs en Aulide et à Trézène ; la Rome de Titus n'est pas celle de Néron...

Ce n'est pas la couleur locale, c'est l'âme d'une époque et d'un Etat, que Racine nous fait voir ; l'implacable volonté de puissance des Julio-Claudiens, le dévouement à l'univers au siècle doré des Flaviens, le goût du sang et de la volupté dans la Turquie contemporaine, l'acharnement des Juifs opprimés...

Mais l'historien reste un dramaturge. C'est au

public louis-quatorzien qu'il offre ses personnages, leurs mœurs et leur « philosophie ». Ainsi est-il amené à « christianiser » la conduite et surtout le dénouement de ses pièces, à y introduire la tendresse et la cruauté que ses spectateurs attendent. Dans ce compromis entre la fidélité à l'histoire et à la Fable et l'esthétique de son temps, Racine trouve sa voie, ses succès ou ses faiblesses...

En tout cas, à travers Rome, l'Orient, la Grèce et Jérusalem, le poète poursuit ses deux chemins. D'une part, dans *Britannicus*, *Bajazet*, *Phèdre*, il nous montre la mort des innocents, et fait intervenir un Dieu cruel qui semble se repaître du sang des hommes ; ce Dieu est encore celui d'*Athalie*, puisque les crimes s'enchaîneront indéfiniment et que la famille d'Achab et celle de David ne se réconcilieront jamais. D'autre part, *Bérénice*, où une sorte de victoire est péniblement conquise, et surtout *Mithridate*, *Iphigénie*, *Esther* offrent, au dénouement, le salut et la paix, conquis d'abord par les héros eux-mêmes, puis par l'intervention d'un Dieu protecteur.

La tragédie racinienne nous apparaît donc, à ce niveau de notre enquête, comme la synthèse de trois éléments : l'histoire, qui donne les personnages, leur caractère et leur langue ; les exigences de l'esthétique classique, c'est-à-dire du public de la Cour et de la Ville ; enfin les recherches du poète, avide de se renouveler et docile peut-être à ses obsessions, qui propose tour à tour l'horreur et la paix, un Dieu inhumain et un Dieu tutélaire.

II. — Le problème posé

Toutes les tragédies raciniennes posent à la fois un problème politique et un problème sentimental.

Dans *La Thébaïde*, il s'agit à la fois du gouvernement de Thèbes et de l'union d'Antigone et d'Hémon. *Alexandre* peint la conquête de l'Inde par Alexandre et l'amour de Cléofile et d'Alexandre, d'Axiane et de Porus. Si Pyrrhus s'engage avec Andromaque, il fera la guerre contre la Grèce, et son assassinat par Oreste amène une révolution, puisque c'est la captive, avec son fils, qui prend le pouvoir à Buthrot. L'enlèvement de Junie ne déchaîne pas seulement la passion de Néron, il signifie la disgrâce de Burrhus et la chute prochaine d'Agrippine. Si Titus et Bérénice ne se séparent pas, tout l'Empire romain s'en ressentira, que le prince abdique, ou qu'il renonce à être un souverain parfait. L'amour de Roxane pour Bajazet a été suscité par le vizir pour renverser le sultan, et l'amour de Bajazet et d'Atalide est évidemment une entrave à ce projet. Mithridate, alors qu'il médite, avec l'aide de ses fils, de se venger de Rome, apprend que Pharnace aime Monime et surtout que Xipharès et Monime s'aiment. L'amour d'Achille et d'Iphigénie, l'amour d'Eriphile pour Achille entravent ou favorisent le sacrifice de l'héroïne, et donc le départ de la flotte grecque, et la prise de Troie. Tant que Thésée est cru mort, se pose le problème de sa succession, et le fils de Phèdre, Hippolyte, Aricie même, peuvent y prétendre ; l'amour de Phèdre et l'amour d'Hippolyte ont évidemment leur rôle dans ce débat. L'attachement d'Assuérus à Esther sauve les Juifs et, même dans *Athalie*, la tendresse de la reine pour l'enfant retarde son action et favorise les desseins de Joad.

Cette association de l'amour et de la politique diffère d'une pièce à l'autre. Dans *Andromaque* et dans *Phèdre*, l'amour est, pour ainsi dire, le seul moteur, et le sujet politique est au second plan.

En revanche, la révolte de Néron commence avant qu'il n'aime Junie, *Iphigénie* pourrait se dérouler sans Achille, et l'attendrissement d'Athalie devant Joas n'est évidemment pas la cause essentielle de sa défaite. Dans les autres tragédies, la politique et le cœur paraissent mieux équilibrés, mais de façon différente. Alors que *Mithridate* est jusqu'au dernier acte empli par les conflits personnels des personnages, c'est l'intervention des Romains qui fait le dénouement ; les deux éléments sont donc ici, malgré quelques adresses du poète, juxtaposés plutôt qu'intimement fondus. Dans *Alexandre*, guerre et galanterie s'épaulent et s'ornent mutuellement. *La Thébaïde*, où Créon, le fauteur de toute l'action, est mené à la fois par l'ambition et par l'amour, ébauche une synthèse. Elle est atteinte dans *Bajazet*, où les hésitations d'Atalide, du prince et de la sultane s'enchaînent et font plusieurs fois osciller le sort de l'Empire ottoman, dans *Esther*, où la reine sauve les Juifs et surtout dans *Bérénice*.

Le problème posé à l'exposition peut se compliquer. Pas dans *Bérénice*, où l'on en reste à la question initiale : l'empereur osera-t-il avouer à la reine qu'il est résolu à se séparer d'elle ? Ni dans *Esther*. Mais les problèmes soulevés dans les premières scènes d'*Andromaque* (Pyrrhus épousera-t-il Andromaque qui ne l'aime pas, ou Hermione qu'il dédaigne ?), de *Britannicus* (Agrippine va-t-elle garder son pouvoir ?), de *Bajazet* (Bajazet épousera-t-il Roxane et régnera-t-il avec elle ?), d'*Iphigénie* (la princesse mourra-t-elle pour permettre le départ de la flotte grecque ?), d'*Athalie* (la reine va-t-elle détruire le temple, ou Joad réalisera-t-il son dessein ?) sont compliqués par l'intervention d'un nouveau personnage : Oreste, qui aime Hermione et veut l'enlever ; Junie dont Néron s'éprend ;

Atalide qu'aime et qui aime Bajazet ; Eriphile qui hait Iphigénie ; Dieu lui-même qui envoie à Athalie son rêve et la pousse à entrer dans le temple. L'exposition de *Mithridate* et celle de *Phèdre*, sont en partie, trompeuses et nous égarent sur de fausses pistes. On croit que le roi du Pont est mort et que ses deux fils vont se disputer la main de Monime. On croit que Phèdre va mourir et qu'Hippolyte va partir à la recherche de son père. Ces équivoques ne sont dissipées qu'après le retour de Mithridate et celui de Thésée ; c'est alors seulement que les véritables problèmes se découvrent.

III. — Le lieu

Pour respecter l'unité de lieu, Racine a naturellement été contraint de situer l'action de ses tragédies dans cette « banale anti-chambre » dont se sont plaints Vigny et V. Hugo. On sent parfois que le dramaturge est gêné. Il est évidemment absurde que les entrevues de Pyrrhus et d'Oreste, d'Hermione et d'Oreste, de Pyrrhus et d'Andromaque, se déroulent dans la même salle. Dans *Britannicus*, le poète a voulu résoudre cette difficulté. Nous sommes « dans une chambre du palais de Néron », et exactement à la porte de l'appartement de l'empereur (v. 4). Il est peut-être moins d'invraisemblance dans les entrées et les sorties et les rencontres des personnages. L'effort est encore plus visible dans *Bérénice* :

« Souvent ce cabinet superbe et solitaire
Des secrets de Titus est le dépositaire...
De son appartement cette porte est prochaine,
Et cet autre conduit dans celui de la reine. »

(V. 3-8.)

Mais le sérail de *Bajazet*, où Acomat vient exposer ses complots, la tente d'Agamemnon où Eriphile se confie à Doris, l'antichambre où Mithridate expose ses plans de guerre et où Monime fait ses adieux à Xipharès, la salle où successivement Hippolyte se déclare à Aricie et Phèdre à Hippolyte sont évidemment des lieux aussi conventionnels que celui d'*Andromaque*. Dans *Athalie*, au contraire, le lieu est précis, presque pittoresque, et les entrées au temple d'Abner, de Mathan ou d'Athalie sont parfaitement vraisemblables.

Le traitement de l'unité de lieu paraît donc osciller entre plusieurs solutions. Le théâtre peut représenter une salle purement conventionnelle, et le spectateur est invité à accepter cette convention. Ou bien il figure un lieu concret, et une fois admis ce « réalisme », il faut bien justifier les entrevues des personnages, ce qui semble presque réalisé dans *Britannicus* et dans *Bérénice*, et beaucoup mieux dans *Athalie*. Ce qui aboutit, dans *Esther*, à sacrifier l'unité de lieu. C'est comme si le décor devait être à la fois concret et conventionnel et qu'il fût presque impossible de concilier ces deux exigences.

Mais, par-delà ces difficultés qui s'imposaient, à des degrés différents, à tous les auteurs classiques, Racine s'est efforcé de rendre impressionnant et poétique, sinon le corridor même où l'action se déroule, du moins le palais où résident les protagonistes.

Le palais de Pyrrhus a maints « détours obscurs », et « la mer en vient battre les murs » (*Andromaque*, v. 791-792) ; Oreste prépare des vaisseaux pour l'enlèvement d'Hermione. Le palais de Néron est une prison où l'empereur est partout présent :

> « ... des lieux tout pleins de sa puissance.
> Ces murs mêmes, seigneur, peuvent avoir des yeux... »
>
> (*Britannicus*, v. 712-713.)

et même Agrippine y est retenue de force (v. 1091). Les pompeux appartements de Titus et de Bérénice sont ornés des emblèmes de leur tendresse :

« Ces lieux de mon amour si longtemps les témoins,
Qui semblaient pour jamais me répondre du vôtre,
Ces festons où nos noms enlacés l'un dans l'autre... »
(*Bérénice*, v. 1322-1324.)

La cour,

« Les flots toujours nouveaux d'un peuple adorateur »
(*Bérénice*, v. 53.)

peuplent ces salles, et laissent à peine aux amants le loisir de s'entretenir. Dans Ostie sont armés les vaisseaux d'Antiochus,

« Prêts à quitter le port de moments en moments ».
(*Bérénice*, v. 73.)

Le sérail de Roxane est peut-être le plus impressionnant. C'est un lieu clos ; il était interdit d'y accéder :

« Jadis une mort prompte eût suivi cette audace ».
(*Bajazet*, v. 5.)

Il est peuplé d'une « foule de chefs, d'esclaves, de muets » (v. 435). Acomat en évoque les détours (v. 1424), et une sorte de magie émane de ce labyrinthe, de ces portes qui s'ouvrent silencieusement et des esclaves qui apparaissent et disparaissent (v. 877-878).

« Sur un vaisseau dans le port préparé », Acomat a disposé « de [son]... débris les reliques plus chères » (v. 872-873) ; c'est aussi par la mer qu'arrive l'envoyé du sultan (v. 1099), et elle vient laver les murs du palais (v. 1719). Rien de plus frappant, de plus poétique, que cette immense ville, qui semble toujours envahie par la nuit et qui est peuplée d'ombres fugitives ou inertes — cette ville, qui est comme un piège mortel pour le prince et la sultane, et dont seul le vizir pourra se sauver sur un vaisseau, puisque la mer, ici, comme dans toutes les tragédies, est proche du palais et offre la seule voie de la liberté.

Le palais de Mithridate est aussi un piège. Les amoureux y sont captifs du vieux roi. Pharnace y est enfermé dans une « tour » (*Mithridate*, v. 990), mais le monarque, comme ses fils, y est, en fait, prisonnier, car les Romains ne sont pas loin, et ils viennent bientôt, avec les soldats mutinés, encercler la place (v. 1448). C'est par la mer que Mithridate pensait échapper à ses ennemis et porter la guerre à Rome, et les soldats se révoltent sur la grève (v. 1426-1432). C'est sur des vaisseaux que Pharnace veut emmener Monime loin de la « sauvage » Crimée ; la mer est « de vaisseaux couverte », quand Mithridate reparaît (v. 328), et l'on court « sur la rive » pour l'accueillir (v. 376).

La tente d'Agamemnon n'est une prison que pour Eriphile, mais enfin Iphigénie et tous les Grecs sont arrêtés sur la rive. Dressée près des flots, non loin de l'armée, des vents inertes (*Iphigénie*, v. 9) et des « mille vaisseaux [...] chargés de vingt rois » (v. 27), cette tente ne peut être qu'une halte éphémère, et, sitôt que les vents se réveilleront, elle s'ouvrira pour laisser partir les conquérants, et c'est, au dénouement, l'évocation triomphale de cette libération :

> « Les vents agitent l'air d'heureux frémissements,
> Et la mer leur répond par ses mugissements ;
> La rive au loin gémit, blanchissante d'écume... »
>
> (V. 1779-1781.)

Si l'emprisonnement de Phèdre et d'Hippolyte est tout intérieur, « l'aimable Trézène » (*Phèdre*,

v. 2), où se déroule la tragédie, est voisine d'un rivage, où le prince faisait naguère « voler son char » (v. 130) et de forêts qui retentissaient de ses cris (v. 134). Le soleil inonde la campagne et les grèves où Neptune lâche le monstre et où la voile des vaisseaux d'Hippolyte « flottait aux vents abandonnée » (v. 798). Mais Phèdre, qui fuit le jour, le jeune homme, lassé de ses courses, et la triste Aricie se retrouvent dans un palais voûté (1) ; la fille de Minos affirme :

« Il me semble déjà que ces murs, que ces voûtes
Vont prendre la parole... »
(V. 854-855.)

Mais plus que ces salles ombreuses, le poète a voulu évoquer les champs, la mer, et, aux portes de Trézène, le « temple sacré, formidable aux parjures » (v. 1392-1394).

Le pompeux et chatoyant palais d'Assuérus séduit par son luxe — la salle du trône (acte II) ; le « superbe jardin » et le « salon » d'Esther (*Esther*, v. 826-827). Changeant selon les exigences de l'action, ou plutôt peut-être selon les intentions du poète, le décor évoque un opéra et ses métamorphoses supposent une liberté qu'on n'imaginerait jamais dans *Britannicus*, ni dans *Bajazet*.

Le temple de Jérusalem dans *Athalie* est également pompeux, et sa pompe est, en fait, surnaturelle, puisqu'elle signifie la présence de Dieu. Certes, les soldats d'Athalie viennent l'assiéger, et il devient une citadelle, quand Azarias en fait « fermer toutes les portes » (*Athalie*, v. 1099). Mais « l'esprit divin » n'est jamais éloigné de ce lieu, et le stratagème de Joad suscite une sorte de miracle, quand le rideau se tire, que paraît le « cher

(1) Note du décorateur de l'Hôtel de Bourgogne.

enfant, digne sang de nos rois » (v. 1718) et que le fond du théâtre s'ouvre pour laisser voir le dedans du temple d'où des « lévites armés sortent de tous côtés sur la scène ».

Le lieu a donc une fonction particulière dans la plupart des tragédies. Palais maudit, mais proche de la mer, sur laquelle on peut rêver de fuir, dans *Andromaque*, dans *Britannicus*, dans *Bajazet*. Prison, qui s'ouvre au dénouement dans *Mithridate*, puisque le roi échappe par sa mort et son apothéose et que Monime et Xipharès se réfugient chez les Parthes, et, de façon moins tragique, dans *Iphigénie*, où les vents viennent délivrer la flotte grecque, et, à la rigueur, dans *Esther*, où la reine et ses malheureuses compagnes trouvent le salut et la gloire au dénouement.

On peut même noter deux évolutions parallèles : le palais de Buthrot est plus abstrait que le palais de Néron, qui est moins terrible que le sérail ; à l'inverse, Nymphée, avec son roi redoutable et les Romains qui l'encerclent, semble plus dangereuse que la tente d'Agamemnon et le palais d'Assuérus. Le lieu est, d'une part, de plus en plus fermé, d'autre part, de plus en plus ouvert.

Athalie marque une rupture : le temple, où se situe l'action, n'est plus une prison close, ou capable de s'entrouvrir. C'est un lieu sacré, protecteur, enfin victorieux. Dieu devient ici concret ; la scène est sa présence même. Il est vrai que cette matérialisation de la Providence la dégrade quelque peu : Javeh ruse comme les hommes ; il aveugle une vieille reine et favorise les fourberies d'un prêtre ; il nourrit une perpétuelle vendetta.

Dans *Bérénice* et dans *Phèdre*, le palais fastueux ou « voûté » importe moins ; le lieu tragique est, dans ces deux tragédies, l'univers ; contemplé par l'humanité tout entière, Titus ne peut trouver d'issue :

> Au bout de l'univers, va cours, te confiner »,
> (V. 1025.)

ce cri est stérile et absurde, puisque la grandeur de l'empereur le suivrait partout. A l'univers s'oppose, il est vrai, l'Orient, où vont se perdre Antiochus et Bérénice, quand ils sortent de la tragédie. L'Orient paraît comme « un moindre être » — une sorte de « désert », où les princes échappent à la gloire et au « long bannissement » de l'empereur (v. 764). Non pour trouver le bonheur, mais pour parvenir à une sorte de vie qui n'en est pas tout à fait une, puisque la pompe et les regards de l'univers y manqueront.

Pour les personnages de *Phèdre*, il n'est pas d'Orient ; la terre, les plages, la mer, le ciel, l'enfer, sont peuplés de divinités méchantes qui les oppressent et châtient cruellement leurs moindres fautes :

> « Le ciel, tout l'univers, est plein de mes aïeux.
> Où me cacher ? Fuyons dans la nuit infernale... »
> (V. 1275-1276.)

Ainsi, le traitement par Racine du lieu tragique est assez complexe. Dans les tragédies pessimistes, le lieu est un piège où les personnages sont pris et où tout espoir leur est refusé ; cette captivité devient même de plus en plus terrible, nous l'avons vu, d'*Andromaque* à *Bajazet*. Dans les tragédies optimistes le lieu s'ouvre, et avec de plus en plus de facilité.

Mais, au fond, le problème est abordé avec plus de profondeur dans *Bérénice*, *Phèdre* et *Athalie*. S'il est possible de « fuir à demi « l'univers » en se réfugiant dans l'Orient » et si le « bannissement » de Titus est glorieux et utile, le monde entier est tragique (divin et terrible à la fois) dans *Phèdre*. *Athalie*, qui paraît rompre ce fil, en est l'extrême aboutissement : le lieu est, pour ainsi dire, le corps même de Dieu ; Dieu est descendu sur la terre, mais non pour y faire régner la paix, pour y entretenir, au contraire, une longue suite de crimes et d'horreurs, que peut seule justifier la perspective de la Jérusalem future.

Il paraît donc possible de voir une progression et une sacralisation du pessimisme d'*Andromaque* à *Britannicus*, de *Bajazet* à *Phèdre* et même, malgré les apparences, à *Athalie*. En revanche, la tristesse raisonnable de *Bérénice* devient un véritable optimisme dans *Mithridate*, et surtout dans *Iphigénie* et *Esther*. L'espace, d'une part, de plus en plus clos, de plus en plus terrible, et par la volonté du Dieu cruel, devient, d'autre part, de plus en plus ouvert, chatoyant et illuminé par un Dieu providentiel.

CHAPITRE III

LA CONSTRUCTION DES PERSONNAGES

Racine a expliqué dans plusieurs préfaces sa conception du héros tragique. Il se justifie d'avoir fait Porus presque aussi grand, peut-être plus grand, qu'Alexandre, mais plus fréquemment il rappelle la doctrine aristotélicienne. Les « personnages tragiques » ne doivent être « ni tout à fait bons, ni tout à fait méchants ». Ainsi leurs malheurs susciteront la pitié. « Il faut... qu'ils aient une bonté médiocre, c'est-à-dire une vertu capable de faiblesse, et qu'ils tombent dans le malheur par quelque faute qui les fasse plaindre sans les faire détester » (1). De même, il a été impossible de souiller la scène « par le meurtre horrible d'une personne aussi vertueuse et aussi aimable qu'il fallait représenter Iphigénie ». Eriphile, au contraire, est « une amante jalouse », qui « mérite, en quelque façon, d'être punie, sans être pourtant tout à fait indigne de compassion ». Phèdre « n'est ni tout à fait coupable, ni tout à fait innocente... » ; ce caractère « a toutes les qualités qu'Aristote demande dans le héros de la tragédie ».

Mais, en fait, ces principes, qui ont nourri la vraisemblance et le réalisme raciniens, restent assez généraux. C'est une erreur de la critique tradi-

1) Préface d'*Andromaque*.

tionnelle de considérer les personnages de ces tragédies comme de pures inventions du dramaturge. Tout homme de théâtre hérite, même s'il ne s'en aperçoit pas, de types tout faits que son public est habitué à voir et demande avec insistance.

I. — Les types

La tragédie classique comprend nécessairement trois protagonistes : le roi et les amoureux, chacun étant, en général, escorté de son confident.

Le roi est légitime ou illégitime. Sont légitimes Titus, Mithridate, Agamemnon, Thésée, Assuérus. Tous ces princes, quels que soient les éléments qui les distinguent, ont des traits communs : ils font sérieusement leur métier de roi, et sont même engagés souvent dans une entreprise qui les dépasse et qui renvoie à des valeurs collectives : la grandeur romaine et « le bonheur du genre humain » pour Titus ; « la liberté du monde » pour le roi du Pont ; purger l'univers de ses monstres pour Thésée... D'ailleurs, tous sont amoureux et fidèles à la femme qu'ils ont choisie, Bérénice, Monime, Clytemnestre, Phèdre, Esther.

Dans une certaine mesure, tous ces princes, plus ou moins jeunes, plus ou moins heureux et puissants, incarnent une figure idéale de la monarchie, telle que la mythologie louis-quatorzienne pouvait la concevoir. Les faiblesses ne sont pas exclues. Titus est hésitant et presque lâche ; Mithridate est cruel et despotique ; Agamemnon ambitieux et influençable ; Thésée a eu une jeunesse aventureuse et dissolue ; Assuérus ressemble souvent à un sultan oriental dominé par ses favoris. Malgré tout, quelles que soient les insuffisances de ces monarques, leur présence et leur langage s'accompagnent toujours d'une certaine pompe, qui est l'une des valeurs tragiques, et, comme leurs qualités l'emportent sur leurs défauts, ils se trouvent, ou s'élèvent au dénouement : Titus parvient à se séparer de Bérénice ; Mithridate à pardonner à Monime et à Xipharès ; les dieux évitent à Agamemnon le sacrifice de sa fille ; Thésée, malgré ses erreurs, connaît, à la fin de la tragédie, la triste paix qu'autorisent la mort de son fils, celle de Phèdre et l'adoption d'Aricie, qui suppose un dépassement des horreurs et des guerres passées ; Assuérus, fourvoyé, découvre finalement le bien et la vérité.

Aux rois légitimes et fidèles s'opposent les usurpateurs, qui piétinent à la fois les principes de la légitimité et les lois éthiques. Néron a pris le trône à Britannicus (et, d'une certaine manière, à Agrippine) ; il veut lui ravir Junie ; Roxane, qui exerce le pouvoir en l'absence d'Amurat, le trompe doublement en méditant de mettre Bajazet sur le trône. Phèdre et Athalie présentent les derniers avatars de cette figure, mais avec quelque complexité supplémentaire. La femme de Thésée a le pouvoir, comme la favorite d'Amurat, alors que le roi a disparu, mais elle ne se livre pas à sa passion avec l'impudence de Roxane, et ne médite aucune sédition contre l'autorité légitime ; Athalie a pris le trône aux enfants de David, mais elle a ses excuses, elle est « une grande reine » ; elle ignore l'amour, et son châtiment est voulu par Dieu, et non par les lois morales.

C'est ainsi que les deux figures antithétiques du roi et de l'usurpateur se modifient parallèlement tout au long de l'œuvre racinienne. Le vertueux Titus laisse la place au cruel Mithridate, puis au faible Agamemnon, puis à Thésée qui s'égare, enfin à Assuérus qui « sommeille ». Le monstrueux Néron est suivi par Roxane, passionnée, mais parfois excusable, par Phèdre amoureuse et innocente à la fois, par Athalie qui est au-dessus de toutes « les faiblesses de son sexe » et n'est coupable qu'aux yeux de Jahvé. Tout se passe comme si le souverain légitime et fidèle se dégradait peu à peu, alors que l'usurpateur, docile aux suggestions de l'amour et de l'ambition, trouvait des circonstances atténuantes, des excuses, et enfin une sorte de grandeur admirable et pitoyable à la fois.

En face du roi, légitime ou non, se dresse le couple d'amants. La jeune fille est une princesse belle et vertueuse ; le jeune homme est un prince valeureux et dévoué. Ces couples successifs se nomment Junie et Britannicus, Atalide et Bajazet, Monime et Xipharès, Aricie et Hippolyte. Titus, qui, comme porte-parole de Rome et du sénat, incarne le pouvoir, constitue aussi avec Bérénice un couple d'amants : il est donc à la fois l'oppresseur et l'opprimé. L'amour et les amants disparaissent dans *Esther* et *Athalie*.

S'il est une évolution dans les figures du roi et du tyran, les couples d'amants ne sont pas non plus identiques. Britannicus, trop jeune, de l'aveu même de Racine, pour être un héros parfait, est cependant sans faiblesse, ainsi que Junie. Bajazet et Atalide sont beaucoup plus troubles, puisqu'ils mentent tous deux à la sultane et que le prince médite une sédition contre son frère : ils sont contraints d'ordinaire de vivre dans l'équivoque et le compromis. Xipharès et Monime sont absolument parfaits, dévoués à Mithridate et aux valeurs qu'il représente, répandant, dès qu'ils paraissent sur le théâtre, une atmosphère purifiée et presque céleste. Iphigénie et Achille n'ont pas le même mérite : si le prince est coléreux et versatile, sa fiancée est capable de hargne, et, même dans son illustre « prière », Péguy n'eut peut-être pas tort de reconnaître une jeune « Atride » (1). Hippolyte est sympathique, mais il est loin d'égaler son père, qu'il trahit en aimant Aricie, et il ne songe, le plus souvent, qu'à se dérober, à « fuir », comme il le dit, devant toutes les embûches et tous les périls ; sa jeune amante paraît souvent vaniteuse, et un peu plate.

C'est que les personnages ne sont pas des individus isolés, mais les éléments d'une harmonie qui est différente d'une pièce à l'autre. Le conflit est à son paroxysme dans *Britannicus*, puisqu'à la monstruosité de Néron répondent l'innocence du prince et la sainteté de la jeune fille. Il est identique, mais affaibli, dans *Bajazet*, car Roxane est moins horrible que Néron, et Bajazet et Atalide ne sont pas sans défauts. Si Phèdre est une Roxane adoucie et presque sanctifiée, Aricie et Hippolyte ne peuvent nous toucher, ni même nous intéresser, autant que les couples qui les ont précédés. Comme si la purification progressive de la figure de l'usurpateur entraînait, par une sorte de relation mathématique, la dégradation ou l'effacement progressifs des amants. Ce qui fait que le rapport est toujours le même, qu'il s'édifie sur un contraste extrême ou sur une opposition adoucie.

Si les rois légitimes de *Bérénice* à *Esther* ne cessent de déchoir, les amants auxquels ils s'opposent les égalent et peut-être les surpassent. Ils les égalent dans *Bérénice*, où Titus est à la fois le pouvoir souverain et l'amour. Ils les surpassent dans *Mithridate*, où le roi du Pont, quelle que soit l'admiration qu'il inspire, est éclipsé par le sublime,

(1) C. Péguy, *Victor-Marie, comte Hugo*, éd. 1934, p. 159.

voire la sainteté de Xipharès et de Monime ; dans *Agamemnon*, où Achille et Iphigénie, malgré leurs faiblesses, l'emportent sur « le roi des rois » ; dans *Phèdre*, où Aricie et Hippolyte échappent aux égarements de Thésée.

Tout se passe donc comme si, en maintenant apparemment la même structure, Racine ne cessait d'une pièce à l'autre d'en modifier les éléments, pour aboutir, en préservant l'harmonie à laquelle il était, avant tout, attaché, à un ensemble absolument différent de celui dont il était parti : l'usurpateur est excusé, voire grandi ; le roi légitime s'affaiblit ; les amants changent selon leur partenaire. C'est ainsi qu'en partant de *Britannicus*, où le Mal et le Bien sont opposés de façon radicale et un peu conventionnelle, nous arrivons à *Phèdre*, où la grande Phèdre, quel que soit son amour, domine les médiocres Hippolyte et Aricie, qui paraissent eux-mêmes supérieurs à Thésée instable et fourvoyé.

Plusieurs remarques s'imposent. Les trois premières tragédies de Racine, *La Thébaïde*, *Alexandre*, *Andromaque*, échappent à cette structure, comme si le dramaturge, dans ses essais de jeunesse, se cherchait à travers les sujets imposés, les conventions décoratives de la galanterie louis-quatorzienne, le réalisme presque baroque et désespéré. En revanche, une fois trouvée, avec *Britannicus*, sa forme fondamentale, il ne cesse, nous l'avons vu, de la transformer. C'est dans *Phèdre* qu'elle est la plus complète avec la régente et le souverain légitime qui reparaît — héritage enrichi de *Bajazet*, où Amurat demeurait invisible et ne se manifestait qu'au dénouement.

Cette structure est, en général, compliquée par l'intervention d'un autre personnage : Antiochus dans *Bérénice*, Pharnace dans *Mithridate*, Eriphile dans *Iphigénie*. Ce sont les amants mal aimés ;

plus ou moins médiocres ou noircis, ils ont une fonction poétique : leur isolement et leur misère rehaussent l'union des deux amants et en montrent le prix. Mais ils ont surtout une fonction dramatique ; ils jouent même un rôle essentiel, puisque la jalousie de Pharnace et celle d'Eriphile précipitent l'action et ourdissent le dénouement.

Le confident est « le double » du héros. C'est ainsi que Céphise aux côtés d'Andromaque, Cléone aux côtés d'Hermione, Albine aux côtés d'Agrippine, Arsace aux côtés d'Antiochus, Phénice aux côtés de Bérénice, Osmin, Zatime et Zaïre dans *Bajazet*, Phœdime et Arcas dans *Mithridate*, Arcas et Doris dans *Iphigénie*, Ismène dans *Phèdre*, Elise dans *Esther*, Nabal dans *Athalie* n'ont d'autre fonction que de faire parler les protagonistes, et sont, à la limite, dépourvus de toute personnalité propre.

Mais à ce groupe de confidents s'opposent d'autres personnages, qui dépassent ce modeste emploi et parviennent à un caractère et à un rôle indépendants. Ce sont, le plus souvent, des hommes politiques, Burrhus et Narcisse, Paulin, Acomat, Arbate, Ulysse, Abner, Mathan. Ils ne se bornent pas à conseiller les protagonistes, étant la voix de leur conscience ou parfois de leur passion ; ils interviennent activement : Narcisse est un agent double ; Arbate révèle à Mithridate la trahison de Pharnace, et c'est Acomat qui a ourdi l'amour de Roxane pour Bajazet, et toute la sédition qui doit renverser le sultan ; Aman et Mathan poursuivent, dans la cour de leur prince, leur politique personnelle. Dans *Phèdre*, Œnone, privée de tout rôle politique, conseille la reine, et surtout elle dénonce Hippolyte à son père ; Théramène ne sert pas seulement à narrer somptueusement la mort du prince ; il le guide et l'exhorte.

II. — La psychologie

La critique a inlassablement souligné la finesse et la vérité de la psychologie racinienne. Le dramaturge s'est, en effet, efforcé de construire des personnages vraisemblables. Il sont, en général, caractérisés dès l'exposition, de façon d'ailleurs assez simple : Oreste est « mélancolique » (*Andromaque*, v. 17) ; Andromaque est « une veuve inhumaine » (*Andromaque*, v. 109) ;

> « L'impatient Néron cesse de se contraindre ;
> Las de se faire aimer, il veut se faire craindre »,
>
> (*Britannicus*, v. 11-12.)

il est sauvage et fier (*Britannicus*, v. 37-38). Junie a été « sans orgueil jusqu'alors élevée » (*Britannicus*, v. 231) ; Bérénice a « mille vertus » (*Bérénice*, v. 373-376) ; Titus est plein de valeur (*Bérénice*, v. 218). Le « triste Antiochus » (*Bérénice*, v. 197) a cherché « la gloire et la mort sur [les] pas » de l'empereur (v. 102-103). Bajazet « vint chercher la guerre au sortir de l'enfance » (*Bajazet*, v. 117) et il est « aimable » (v. 155). Pharnace est « en ses desseins toujours impétueux » (*Mithridate*, v. 93) ; Mithridate a lutté durant quarante ans, et

> « ... combien de fois ses jalouses tendresses
> Ont pris soin d'assurer la mort de ses maîtresses ».
>
> (*Mithridate*, v. 87-88.)

Agamemnon avoue son « orgueilleuse faiblesse » (*Iphigénie*, v. 82) ; il évoque « la cruelle industrie » d'Ulysse (*Iphigénie*, v. 73) ; Iphigénie a « mille vertus » (*Iphigénie*, v. 117) ; Achille est impatient (*Iphigénie*, v. 97). Thésée est

> « De ses jeunes erreurs désormais revenu » ;
>
> (*Phèdre*, v. 23.)

Phèdre est

> « Une femme mourante et qui cherche à mourir » ;
> (*Phèdre*, v. 44.)

Hippolyte est « superbe »,

> « Implacable ennemi des amoureuses lois » ;
> (*Phèdre*, v. 58-59.)

Aricie est « charmante » (*Phèdre*, v. 137). Mardochée est « sage » et ses yeux sont « vigilants » (*Esther*, v. 44) ; Assuérus est « un fier monarque » (*Esther*, v. 66). Athalie est « audacieuse » (*Athalie*, v. 13), « superbe » (*Athalie*, v. 51), « sanguinaire » (*Athalie*, v. 59) ; elle a pour l'or « une soif insatiable » (*Athalie*, v. 48) ; Joad a « une fermeté rare » (Athalie, v. 27) ; Mathan est un prêtre sacrilège « plus méchant qu'Athalie » (*Athalie*, v. 36-37).

Ces indications un peu sommaires sont souvent approfondies et nuancées. L'hérédité explique le caractère de Néron :

> « ... Je lis sur son visage
> Des fiers Domitiens l'humeur triste et sauvage.
> Il mêle avec l'orgueil qu'il a pris dans leur sang
> La fierté des Nérons qu'il puisa dans mon flanc. »
> (*Britannicus*, v. 35-38.)

Et celui de Phèdre, qui aime le Bien comme Minos et est livrée, comme Ariane et Pasiphaé, aux égarements de la passion (*Phèdre*, v. 36, 250, 253) ; et celui de Joas, qui hérite à la fois du sang de David et du sang d'Achab (*Athalie*, v. 1785-1787). Monime est descendue

> « D'aïeux ou rois, Seigneur, ou héros qu'autrefois
> Leur vertu, chez les Grecs, mit au-dessus des rois. »
> (*Mithridate*, v. 248-250.)

L'éducation a également son importance. Burrhus et Sénèque ont veillé sur l'enfance et la jeunesse de Néron, qui fut jusqu'ici vertueux ; Junie a été « élevée » dans la modestie (*Britannicus*, v. 231) et Esther a grandi « solitaire et cachée,

« Sous les yeux vigilants... »

de Mardochée (*Esther*, v. 43-44). L'influence de Joad retarde la perversité de Joas.

Le passé a laissé dans ces âmes des traces profondes. C'est la trahison de la mère de Xipharès, qui le rend si docile à son père. Ce sont les horreurs dont est tissue la destinée d'Eriphile, qui expliquent la forme de son amour et son penchant vers le mal.

Pour répondre à Corneille et à ses thuriféraires, qui se plaignaient que Racine ne sût peindre que des Français, le poète s'est souvent efforcé de mettre en évidence l'âme d'une nation ou d'une race. Monime est une Grecque parmi des Barbares, et sa délicatesse et son raffinement rappellent les jeunes filles de Sophocle. La Turquie est pour Racine le pays de l'Amour et de la Mort : « Y a-t-il une cour au monde où la jalousie et l'amour doivent être si bien connus que dans un lieu où tant de rivales sont enfermées ensemble et où toutes ces femmes n'ont point d'autre étude, dans une éternelle oisiveté, que d'apprendre à plaire et à se faire aimer... On verra partout le mépris qu'ils font de la vie » (Seconde Préface de *Bajazet*). Ces Barbares sensuels, toujours prêts à tuer et à mourir — et la mort, ses composés, ses synonymes, reviennent sans cesse dans la tragédie —, ne connaissent d'ailleurs d'autre dieu que le destin. Un fatalisme oriental domine tous les héros de la tragédie et colore même la construction dramatique :

« Le ciel en a déjà réglé l'événement. »
(*Bajazet*, v. 223.)

La Bible a donné les personnages d'*Esther* et d'*Athalie*. Assuérus est un sultan oriental, et Athalie une vieille juive raisonnable, cruelle et cupide.

Il est tentant — et les critiques ne s'en sont pas privés — de dépasser les évidentes intentions de Racine. On peut donner une dimension psychanalytique aux rapports des fils de Mithridate et du vieux roi qu'ils craignent et admirent. On peut ébaucher bien des interprétations, vraisemblables et un peu romanesques, des réactions et du destin de tous les personnages.

Le spectateur est, en tout cas, frappé par l'extraordinaire vérité de certaines réactions ou de certaines confidences : les tirades où Néron s'analyse lui-même et explique l'empire que sa mère a gardé sur lui :

> « Eloigné de ses yeux, j'ordonne, je menace...
> Mais...
> Sitôt que mon malheur me ramène à sa vue... » ;
> (*Britannicus*, v. 496-504.)

les aveux d'Atalide :

> « Ah, Zaïre, l'amour a-t-il tant de prudence ? »
> (*Bajazet*, v. 345.)

l'ironie de Roxane :

> « Je vois que rien n'échappe à votre prévoyance... » ;
> (*Bajazet*, v. 497.)

son aveuglement volontaire (acte IV, sc. 4), son chagrin (*Bajazet*, v. 1295-1330) ; son formidable aveu :

> « Bajazet, écoutez ; je sens que je vous aime. »
> (*Bajazet*, v. 538.)

Mais, en fait, les personnages raciniens ne sont pas comparables à des individus isolés, qui auraient leur identité propre ; le théâtre ne se forme pas en réunissant des éléments ; c'est l'harmonie générale qui compte d'abord et qui entraîne tout le reste, y compris la psychologie individuelle.

Dans *Alexandre*, *Iphigénie* et *Esther*, la plupart des personnages sont assez schématiques, voire assez naïvement campés. Ces pièces se présentent comme des tapisseries, l'une galante et héroïque, l'autre à la fois bourgeoise et sacrée, l'autre orientale et biblique, où des conquérants, des rois, des mères, des jeunes filles sont confrontés de façon souvent un peu hiératique ou ornementale. Au lieu de nous suggérer des êtres réels, ils ramènent aux grandes images élémentaires du Roi, de la Mère, de la Jeune Fille. Taxile, toutefois, Eriphile et même Aman paraissent plus proches de la vie concrète que leurs partenaires.

Les personnages d'*Andromaque*, de *Britannicus*, de *Bajazet*, de *Mithridate* et d'*Athalie* ont, en revanche, de véritables caractères, mais de façon différente. La pièce la plus réaliste est certainement *Bajazet*. Les sentiments des personnages y semblent, en effet, plus « romanesques » que tragiques. Chez Bajazet et chez Atalide, ce n'est qu'une succession de frayeurs confuses, d'émois incertains. Ce réalisme aboutit même à une sorte de trompe-l'œil. Car les personnages ne sont pas ce qu'ils semblent. Roxane qu'on a souvent dépeinte comme une tigresse assoiffée de sang est, au fond, une amoureuse qui brandit des menaces sans vouloir les exécuter et cherche, avant tout, à se duper elle-même :

> « Tu ne remportais pas une grande victoire,
> Perfide, en abusant ce cœur préoccupé
> Qui lui-même craignait de se voir détrompé. »
>
> (*Bajazet*, v. 1298-1300.)

Le grand vizir, qui se prétend si lucide et si habile, voit piteusement échouer sa politique et il a commis plusieurs erreurs qui expliquent cet échec. Son plan est par trop audacieux, d'un optimisme un peu hâtif ; il entre dans ses attitudes, dans ses confidences à Osmin, bien de la vanité, de l'ostentation inutiles, voire dangereuses. Enfin, il l'avouera lui-même, il ignore tout des passions et, ne comprenant pas les mobiles, ni les réactions des amants, il ne peut que se fourvoyer dans des machinations qui reposent, avant tout, sur l'affectivité du prince et de la sultane. Bajazet et Atalide n'ont pas la poétique innocence qu'on leur a parfois prêtée ; ils se débattent dans les ruses, les compromis, de perpétuelles équivoques. Le réalisme racinien consiste ici à éroder les grandes passions et les grandes attitudes pour mettre en évidence la confusion et la nervosité de tous, à travers lesquelles se manifeste la barbarie foncière du cœur humain, plus évidente chez les Turcs que dans les peuples chrétiens.

Dans *Andromaque*, *Britannicus*, *Mithridate* et *Athalie*, la plupart des personnages ont de véritables *caractères* plus unifiés que dans *Bajazet*, plus complexes que dans *Esther* — à mi-chemin entre un réalisme, qui décompose les personnalités, et la mythification qui les simplifie à l'extrême. Mais, parmi ces *caractères*, que sont Pyrrhus, Oreste, Hermione, Néron, Agrippine, Mithridate, Pharnace, Athalie, Joad même, paraissent des *figures* qui semblent d'un ordre transcendant : Andromaque, Junie, Xipharès, et surtout Monime, Joas. Certes, cette transcendance n'est pas absolue, et l'humanité guette ces mythes : Andromaque, devenue reine d'Epire, retrouve un *comportement* au sens propre, et n'apparaît plus comme une image céleste. Xipharès et Monime ont, malgré tout, des motifs personnels, et Joas deviendra un criminel. Cependant, ces tragédies présentent une sorte de rupture dans le traitement des personnages : aux hommes doués d'un passé et de passions s'opposent des créatures presque irréelles, qui ressortissent de la poésie plutôt que de la psychologie. *Mithridate* est d'ailleurs l'œuvre la plus troublante, puisque Pharnace s'évanouit au milieu de la pièce et que le roi du Pont devient lui aussi une image idéale au dénouement. C'est comme si deux pièces se succédaient, d'abord un conflit politique et familial, âpre et désordonné, puis une symphonie majestueuse et paisible.

Autres manières d'aborder les personnages — celle qui apparaît dans *Bérénice* et celle qui apparaît dans *Phèdre*. Titus, Bérénice et Antiochus ont, en effet, un double visage. Ils semblent d'abord transcender toute psychologie : cet empereur idéal, cette belle amoureuse, qui ignore l'ambition, et le roi de Commagène, ce fidèle et discret amant, sont comme des images dorées du Pouvoir et de l'Amour. Mais, au fil de la pièce, cette perfection n'apparaît plus : elle est remplacée par de l'incertitude, des hésitations, de la nervosité :

> « Je m'agite, je cours, languissante, abattue ;
> La force m'abandonne, et le repos me tue. »
> (*Bérénice*, v. 955-956.)

> « Tous mes moments ne sont qu'un éternel passage
> De la crainte à l'espoir, de l'espoir à la rage. »
> (*Ibid.*, v. 1299-1300.)

Loin de la pompe qui règne dans l'apothéose de Vespasien, ce sont des « voiles détachés » et des « cheveux épars » (v. 969-970). Ainsi les personnages de cette tragédie n'ont-ils jamais exactement de *caractère* : plus haut parfois, ils deviennent de belles images ; plus bas, au contraire, leur personnalité se dissout, comme celle des héros de *Bajazet*, en mouvements impulsifs et en agitation nerveuse.

Phèdre présente une autre solution. Thésée, son épouse, son fils sont simultanément des mythes et des êtres humains ; ils ont des émotions vraisemblables, qui se prêteraient volontiers à des interprétations psychologiques, ou même physiologiques, et pourtant ils sont non seulement entourés par les dieux, mais comme possédés par eux. La mythologie ici modèle l'âme des personnages sans leur enlever toutefois leur humanité, qui est seulement sacralisée. Les dieux sont présents dans tous les mouvements, les paroles et les silences des héros.

C'est ainsi que la construction des personnages raciniens est fort ambiguë, témoigne de deux soucis divergents, et tolère deux interprétations qui sont, en fait, contradictoires : parfois est suggérée une explication, qui objective et, malgré tout, rabaisse les héros ; leur passé, leur corps, leur race créent leurs caractères, et ces caractères en se dissolvant ne laissent plus apparaître qu'une affectivité impulsive et forcenée, dépouillée même souvent de tout accent personnel. Parfois, au contraire, sont présentées de belles images qui échappent presque totalement à l'analyse et incarnent des valeurs. Si *Bajazet*, d'une part, *Esther*, d'autre part, peuvent figurer les deux pôles contradictoires, dans les autres pièces se révèle ou une tension qui oppose les caractères aux figures *(Andromaque, Britannicus, Mithridate, Athalie)* ou un effort pour superposer ces deux représentations *(Bérénice)* ou mieux pour les fondre intimement *(Phèdre)*.

A ce niveau, le théâtre racinien paraît à la recherche d'une harmonie entre la vie et la poésie — ou mieux entre un réalisme, qui décompose et démythifie, et la beauté ou la raison, qui objectivent et pacifient. Il n'est que dans *Phèdre* que cette quête ait vraiment abouti avec des héros tout à fait humains et tout à fait divins à la fois.

III. — Esthétique et personnages

La construction et la confrontation des personnages s'expliquent souvent par des exigences ou des conventions dramatiques. C'est, par exemple, la symétrie de deux *figures* opposées : Etéocle et Polynice ; Taxile et Porus ; Narcisse et Burrhus ; Xipharès et Pharnace ; Aman et Mardochée ; et parfois Ulysse et Achille, Mathan et Abner. Ainsi avons-nous ces scènes, fréquentes d'ailleurs dans toutes les tragédies classiques, où s'opposent autour d'un roi — Mithridate, Agamemnon, Athalie — deux conseillers ou deux ministres qui se contredisent. Mais ces scènes, qui évoquent des tableaux de Le Brun ou de Coypel, modèlent évidemment les personnages qui y paraissent. L'adresse d'Ulysse et la colère d'Achille viennent d'Homère, mais s'expliquent aussi par le souci du dramaturge de confronter deux figures symétriques.

Il arrive aussi que la tragédie soit construite sur la répétition d'actions ou d'entrevues analogues : Jocaste vient supplier Etéocle, puis Polynice ; Pyrrhus se plaint à Andromaque, comme Oreste à Hermione ; à la déclaration de Pharnace succède celle de Xipharès ; Hippolyte parle à Théramène et Phèdre à Œnone, Hippolyte à Aricie et Phèdre à Hippolyte.

L'exigence esthétique impose donc, ou du moins modèle, la psychologie. Au lieu de nous offrir des individus isolés, qui seraient seulement regroupés au gré de leurs passions, le dramaturge semble d'abord concevoir la composition générale de sa pièce, qui, exigeant des symétries ou des répétitions, des effets d'analogie ou de nuance, suscite les acteurs qui y conviennent.

Plus singulière, plus inharmonieuse, semble-t-il, est l'intrusion dans un univers homogène d'un être qui échappe à ses lois et est, pour ainsi dire, d'une autre nature. Ainsi, parmi toutes les grandes figures de l'*Alexandre*, Taxile qui est tout humain, avec ses faiblesses et ses calculs, parmi les caractères d'*Andromaque* et de *Britannicus* la veuve d'Hector et la fiancée du prince, qui sont, dans une grande mesure, des figures célestes, porteuses de valeurs et rebelles à l'analyse psychologique. De même, Eriphile, qui semble presque ignorer la morale, au milieu de l'honnête famille d'*Iphigénie*.

La distance est moins grande, elle existe toutefois, entre la « fille de Minos et de Pasiphaé » et son entourage, tout imprégné, malgré la mythologie, de valeurs bourgeoises. Aman est plus complexe que les figures élémentaires, qui peuplent *Esther*. Dans *Mithridate* se découvre une double opposition — entre l'opportunisme de Pharnace et les valeurs que veulent défendre les autres personnages, entre Pharnace et Mithridate, doués d'un caractère et de passions, et les deux amants presque célestes.

L'*opposition* suscite parfois une seconde pièce à l'intérieur de la tragédie : ainsi le drame humain de Créon dans *La Thébaïde*, de Taxile dans *Alexandre*, la tragédie d'Eriphile dans *Iphigénie*. Elle entraîne un changement de ton, qui pourrait, s'il n'était adouci et nuancé, rompre l'unité de l'œuvre : les sublimes tirades d'Andromaque parmi les illusions, parfois dérisoires, ou les fureurs, d'Oreste, d'Hermione et de Pyrrhus ; les terribles confidences d'Eriphile parmi les colères et les naïvetés de Clytemnestre et d'Achille.

L'harmonie racinienne se trouve en associant et en dominant tous ces contrastes ; il faut qu'ils ne soient pas trop vifs, et que de subtiles transitions les édulcorent. Mais le dénouement suppose le plus souvent l'élimination de l'*opposant*. Taxile meurt ; Junie, retirée chez les Vestales, laisse les fauves entre eux ; Eriphile est immolée ; Phèdre se tue ; Aman est exécuté ; c'est ainsi qu'une sorte d'ordre s'instaure entre les survivants qui se comprennent. En revanche, Andromaque reste seule, après que tous les malheureux qui l'entouraient, ont disparu.

En tout cas, Racine est tout autre chose que le pénétrant psychologue que la critique a trop souvent vu en lui. Sa psychologie, construite à partir des types théâtraux, modelés par des conventions ou des rythmes dramatiques, n'est qu'un élément de l'esthétique choisie dans chaque tragédie. La vérité humaine n'est pas son but essentiel, mais un moyen de parvenir à l'harmonie dont il rêve, aux émotions qu'il veut susciter dans le public...

Chapitre IV

L'AMOUR

Bien qu'on ait parfois opposé Corneille et Racine, en faisant de l'un le poète de la politique, de l'autre le poète de l'amour, il faut avouer que la passion n'a qu'un rôle secondaire dans *La Thébaïde*, et qu'aucune place ne lui est accordée dans *Athalie*. D'ailleurs, la politique, autrement conçue que chez Corneille, a une fonction essentielle dans ces tragédies. Mais évidemment le charme et la puissance émotive des scènes d'amour de ce théâtre expliquent que les spectateurs aient été, avant tout, sensibles à ce thème.

L'amour racinien est ou partagé, ou solitaire. D'une part, ces couples d'amants, que rien ne peut séparer : Antigone et Hémon, Cléofile et Alexandre, Axiane et Porus, Junie et Britannicus, Bérénice et Titus, Atalide et Bajazet, Iphigénie et Achille, Aricie et Hippolyte. D'autre part, le maudit, livré à sa passion malheureuse — Créon épris d'Antigone, Taxile amoureux d'Axiane, Pyrrhus, Hermione, Oreste, Néron, Antiochus, Roxane, Mithridate, Eriphile, Phèdre.

Dans *Alexandre*, Racine s'est plié au goût de la galanterie héroïque régnant à l'époque, et l'amour de Cléofile et d'Alexandre, celui de Porus et d'Axiane sont teintés de préciosité. Alexandre « au travers de deux camps opposés » adresse à sa princesse « cent messages secrets » (v. 50-52). Porus s'écrie :

« Oui, madame, je vais dans l'ardeur qui m'entraîne,
Victorieux ou mort, mériter votre chaîne. »

(V. 650-651.)

Taxile, plus humain sans doute que les deux héros, recourt au même langage ; il invoque

« Les beaux yeux d'Axiane, ennemis de la paix ».

(V. 67.)

Il n'utilise pour la conquérir que des moyens honorables — les plaintes galantes, l'intervention de sa sœur, enfin son combat contre Porus.

Ce n'est pas dans cette tragédie que nous pouvons retrouver une peinture originale de l'amour. Dans les autres pièces apparaissent, au contraire, deux images cohérentes de l'amour partagé et de l'amour malheureux. Encore faut-il excepter *Bérénice* ; l'empereur de Rome et la reine de Judée sont plus âgés, et plus puissants, que ne le sont, en général, les amants. Certains ont d'ailleurs mis en doute la passion de Titus (1). Cela nous paraît difficile à admettre. Il dit à son confident que son amour est

« Plus ardent mille fois que tu ne peux penser »,

(*Bérénice*, v. 422.)

et il songe à mourir (v. 1422). Peut-on voir là une comédie qui serait indigne de la majesté de l'œuvre, et d'ailleurs presque incompréhensible pour le public ? Mais ces deux amants mûrissants, qui séjournent ensemble à Rome depuis des années et ne sont divisés que par un obstacle intérieur, ne rappellent évidemment pas les jeunes premiers des

(1) C'est ce qu'ont supposé R. BARTHES, *Sur Racine*, p. 94 sq., et R. PIANCHON, *Notes de programme pour « Bérénice »*, Paris, 1970. C'est déjà ce que pensaient Bussy-Rabutin (lettre du 13 août 1671) et la duchesse de Hanovre (lettre du 15 octobre 1709), v. ROUBINE, *Lectures de Racine*, p. 11.

autres tragédies. Antiochus d'ailleurs est peut-être jaloux, mais ses « pleurs » et ses « soupirs » sont ses seules armes (v. 202) ; la fuite ou la mort les seules solutions qu'il envisage.

I. — Les amoureux

L'amour des jeunes amants est, en général, ancien. Hémon et Antigone, élevés ensemble, se retrouvent

« Après un an entier de supplice et d'absence ».

(*La Thébaïde*, v. 344.)

Leur amour est béni par Jocaste. Junie et Britannicus ont été depuis longtemps unis par Claude et Agrippine (*Britannicus*, v. 558-560). Bajazet et Atalide se sont aimés enfants, et la mère du prince encouragea leur tendresse :

« Dans nos plus jeunes ans, tu t'en souviens assez,
L'amour serra les nœuds par le sang commencés.
Elevée avec lui dans le sein de sa mère,
J'appris à distinguer Bajazet de son frère.
Elle-même avec joie unit nos volontés... »

(*Bajazet*, v. 359-363.)

« Toi, mère malheureuse, et, qui, dans notre enfance,
Me confias son cœur dans une autre espérance. »

(V. 1741-1742.)

Cependant, ils ont été « l'un et l'autre écartés »,

« Conservant, sans nous voir, le désir de nous plaire,
Nous avons su toujours nous aimer et nous taire. »

(V. 365-366.)

Monime et Xipharès s'aiment depuis longtemps. Mais ils n'ont pas obtenu l'aveu de Philopœmen, qui unit la jeune fille à Mithridate. Leur amour n'est légitime, que parce qu'il précéda la rencontre de Monime et du roi du Pont :

« ... je vis... j'aimai la reine le premier. »

(*Mithridate*, v. 47.)

Eux aussi sont séparés, et ils ne se retrouvent que lorsque la nouvelle court de la mort de Mithridate et qu'ainsi leur tendresse est redevenue innocente. On ne sait depuis quand Achille et Iphigénie s'aiment, mais cet amour a été autorisé par Agamemnon et Clytemnestre, qui les ont fiancés. L'amour d'Hippolyte et d'Aricie est assez particulier. Il n'est pas ancien. C'est « depuis quelques jours » seulement que le prince semble abattu d'un mal qu'il dissimule (*Phèdre*, v. 128-136). D'ailleurs, Thésée, voulant éteindre la race des Pallantides, a interdit à tous de briguer la main d'Aricie, et la passion d'Hippolyte est donc illégitime, presque coupable.

Nous remarquons donc, entre ces couples apparemment identiques, bien des différences. L' « Eros sororal » est exactement représenté dans *La Thébaïde*, dans *Britannicus* et dans *Bajazet*, avec les caractères essentiels qui le définissent : un amour ancien, remontant même à l'enfance, et légitime, puisque les parents et les princes l'ont encouragé. Cette peinture est renouvelée dans les tragédies suivantes : le fils de Mithridate et le fils de Thésée doivent attendre la mort de leur père pour parler à leur maîtresse ; Agamemnon, qui a fiancé Achille à Iphigénie, les empêche maintenant de s'unir. Il est bien vrai que l'apparition, à partir de *Mithridate*, de la figure paternelle enlève aux deux jeunes gens leur innocence ; nous avons déjà entrevu (v. « La construction des personnages ») cette évolution qui se dessine déjà dans *Bajazet* : aux fiancés parfaits de *La Thébaïde* et de *Britannicus* succèdent des figures moins impeccables ou troublées par les situations complexes où elles se trouvent plongées.

Ces couples introduisent dans la tragédie le pathétique. Hémon et Antigone se lamentent des drames où leur famille se débat. Junie et Britannicus gémissent des contraintes du Palatin :

« De combien de soupirs...
Quel tourment de se taire... »
(*Britannicus*, v. 1001-1003.)

Les plaintes de Bajazet et d'Atalide sont plus impressionnantes :

« Quoi ! cet amour si tendre, et né dans votre enfance... »
(*Bajazet*, v. 713.)

« Ne nous affligeons point vainement l'un et l'autre »,
(V. 1006.)

et surtout les adieux à la vie de la princesse :

« N'était-ce pas assez, cruelle destinée...
Moi seule j'ai tissu le lien malheureux... »
(V. 1725-1731.)

Dans le rôle d'Iphigénie se trouvent aussi quelques cris, parfois déchirants :

« Hélas ! il me semblait qu'une flamme si belle
M'élevait au-dessus du sort d'une mortelle. »
(*Iphigénie*, v. 1045-1046.)

Les plaintes de Monime et de Xipharès sont sans doute les plus remarquables, car elles ne chantent pas seulement la tristesse de la séparation, mais la tristesse même de l'amour, qui paraît prédestiné à la mélancolie, voué à ne pouvoir s'épanouir que dans un climat crépusculaire et langoureux :

Vous m'aimez dès longtemps. Une égale tendresse,
Pour vous, depuis longtemps, m'afflige et m'intéresse...
Songez depuis quel jour ces funestes appas...
Le trouble...
Le tourment...
Les rigueurs...
Inutile ou plutôt funeste sympathie !
Ah, par quel soin cruel... »
(*Mithridate*, v. 679-693.)

A Hippolyte et à Aricie Racine a refusé de pareilles harmonies, comme si leur amour interdit ne méritait pas de plonger le public dans les mêmes alarmes.

L' « Eros sororal » est donc ancien, légitime et malheureux. Il entraîne toute une poésie du passé, du regret, du destin. Mais il n'a pas d'explication, ni de contenu propre : c'est comme une habitude tendre, un rêve d'absolu, une nappe de lumière ; la poésie et le pathétique l'emportent sur la psychologie, qui pourrait les abaisser ou les éroder. Au fond, cet amour est un thème, une « image », plus qu'un sentiment.

Il n'est que dans *Phèdre*, où les jeunes amants, si différents de leurs frères des autres tragédies, se montrent capables d'expliquer leur passion. C'est surtout Aricie qui présente une analyse claire, presque trop claire, de ses sentiments :

« J'aime en lui sa beauté, sa grâce tant vantée...
J'aime, je prise en lui de plus nobles richesses,
Les vertus de son père et non point les faiblesses » ;

(*Phèdre*, v. 438-442.)

elle avoue même bientôt que l'amour-propre et la vanité ont quelque part dans sa tendresse :

« ... de faire fléchir un courage inflexible,
De porter la douleur dans une âme insensible...
C'est là ce que je veux, c'est là ce qui m'irrite... »

(*Phèdre*, v. 449-453.)

II. — Le solitaire

En face de ces couples d'amants se dresse le solitaire qui aime et est refusé. Son amour est souvent ancien — ainsi celui d'Oreste pour Hermione (*Andromaque*, v. 40), celui d'Hermione pour Pyrrhus (*Andromaque*, v. 464), et sans doute celui de Pyrrhus pour Andromaque. De même, il y a cinq ans qu'Antiochus soupire après Bérénice. Monime est depuis des années désirée par Mithridate ; Eriphile a aimé Achille à Lesbos et l'aime en Aulide. Phèdre a vu Hippolyte, alors même qu'elle venait d'épouser « le fils d'Egée » (*Phèdre*, v. 269-270). Il n'est que l'amour de Néron pour Junie qui soit tout récent ; il date de « cette nuit » (*Britannicus*, v. 386).

En fait, Oreste et Antiochus éprouvent pour leur maîtresse un « Eros sororal » ; leur amour est né « avec [...] [ses] charmes » (*Andromaque*, v. 533) :

« ... mon cœur en ces lieux
Reçut le premier trait qui partit de vos yeux. »
(*Bérénice*, v. 189-190.)

Agrippa même était décidé à donner sa sœur au prince de Commagène, dont la tendresse avait le même visage que celle de Xipharès et eût mérité le même bonheur...

Mais la genèse de la passion est, en général, fort différente de ce lent développement qui se nourrit du souvenir et de la nostalgie. C'est toujours le verbe « voir » qui accompagne, et qui parfois suffit à caractériser, cet ébranlement affectif, d'où est sortie la passion :

« ... je l'ai vue arriver en ces lieux. »
(*Britannicus*, v. 387.)

« Titus, pour mon malheur, vint, vous vit et vous plut. »
(*Bérénice*, v. 194.)

« Roxane vit le prince... »
(*Bajazet*, v. 153.)

« Mithridate me vit... »
(*Mithridate*, v. 251.)

« Je le vis : son aspect n'avait rien de farouche. »
(*Iphigénie*, v. 497.)

« Athènes me montra mon superbe ennemi.
Je le vis... »
(*Phèdre*, v. 273-274.)

Les premières rencontres de Néron et de Junie, de Roxane et de Bajazet, d'Eriphile et d'Achille sont colorées d'éléments particuliers, qui précisent et expliquent la passion. Quelque chose d'un peu morbide, une sorte de sadomasochisme, se découvre alors dans le cœur des amants. Junie séduit Néron,

> « Triste, levant au ciel ses yeux mouillés de larmes...
> Belle, sans ornements...
> ... Je ne sais si cette négligence,
> Les ombres, les flambeaux, les cris et le silence,
> Et le farouche aspect de ses fiers ravisseurs
> Relevaient de ses yeux les timides douceurs. »
>
> (*Britannicus*, v. 387-394.)

C'est comme si ce tableau, qui a le charme à la fois du rêve et de l'art, avait révélé Néron à lui-même en satisfaisant en même temps ses penchants au Mal et à la Beauté.

Chez Eriphile, il est moins d'esthétisme, mais autant de perversité :

> « ... me voyant presser d'un bras ensanglanté,
> Je frémissais... »
>
> (*Iphigénie*, v. 492-493.)

et sa rivale, avec la cruelle lucidité d'une Atride, la démasque :

> « ... Oui, vous l'aimez, perfide !
> Et ces mêmes fureurs que vous me dépeignez,
> Ces bras que dans le sang vous avez vus baignés,
> Ces morts, cette Lesbos, ces cendres, cette flamme,
> Sont les traits dont l'amour l'a gravé dans votre âme. »
>
> (V. 678-682.)

Comme le fils d'Agrippine devant la jeune fille demi-nue que les soudards escortent, la fille d'Hélène se découvre devant ce conquérant sanguinaire qui est, en même temps, un « aimable guide ».

Chez Roxane, il est moins de perversité. Son amour pour Bajazet fut d'ailleurs moins soudain :

« Bajazet est aimable ; il vit que son salut
Dépendait de lui plaire, et bientôt il lui plut. »
(*Bajazet*, v. 155-156.)

Le secret, les entraves qui gênaient leurs entrevues attisèrent la passion de la sultane :

« L'embarras irritant de ne s'oser parler,
Même témérité, périls, craintes communes. »
(V. 160-161.)

Mais c'est *Phèdre* évidemment qui nous donne la plus éclatante peinture de la naissance de la passion : bouleversement mental et surtout physique :

« ... je rougis, je pâlis à sa vue ;
Un trouble s'éleva dans mon âme éperdue ;
Mes yeux ne voyaient plus, je ne pouvais parler ;
Je sentis tout mon corps et transir et brûler... »
(*Phèdre*, v. 273-276.)

obsession insurmontable :

« ... le voyant sans cesse...
J'offrais tout à ce dieu que je n'osais nommer.
Je l'évitais partout. O comble de misère !
Mes yeux le retrouvaient dans les traits de son père » ;
(*Phèdre*, v. 286-290.)

cruauté secrète :

« Tes malheurs te prêtaient encor de nouveaux charmes. »
(V. 689.)

Cet amour est tout près de l'amour-propre et, en lui, Thanatos se rapproche d'Eros. Antiochus ne songe certes à tuer ni Titus, ni Bérénice ; l'amitié, l'honneur, le devoir le retiennent ; mais la mort dont il rêve est d'abord la sienne. Cette « espèce de grand bougre, ravagé, mélancolique, flemmard, avec des yeux de charbon, la malaria... », comme l'a peint Aragon (1), semble, au fond, traîner à travers son amour sa soif de mourir. Languissant et passif,

(1) *Aurélien*, p. 28, Ed. Folio, 1973.

il s'abandonne à cette sorte de dégénérescence mélodieuse que représente sa triste et stérile passion :

« Je demeurai longtemps errant dans Césarée...
Mais enfin, succombant à ma mélancolie... »

(*Bérénice*, v. 235-239.)

« Madame, le seul bruit d'une mort que j'implore
Vous fera souvenir que je vivais encore. »

(V. 283-284.)

« Qu'ai-je donc fait grands dieux ? Quel cours infortuné
A ma funeste vie aviez-vous destiné ?
Dieux cruels ! de mes pleurs vous ne vous rirez plus... »

(V. 1297-1302.)

Le « déplorable Oreste » (*Andromaque*, v. 46), qui lui ressemble tant, avec les tendres et déchirants souvenirs qu'il entretient, sa complaisance à tout ce qui est inutile et funeste :

« Je me livre en aveugle au destin qui m'entraîne »,

(V. 98.)

« Je sens que vos regards vont rouvrir mes blessures »

(V. 486.)

« J'ai mendié la mort... »

(V. 491.)

devient un assassin, mais il hait Pyrrhus moins qu'il ne se hait lui-même. Son crime est une sorte de sursaut ; le dénouement le retrouve plongé dans son masochisme, devenu seulement plus violent et plus irrémédiable :

« Hé bien ! je meurs content, et mon sort est rempli... »

(V. 1630.)

Mais, en fait, sadisme et masochisme se mêlent, comme la haine et l'amour, dans le cœur de tous les amants non aimés. Pyrrhus, avant même l'ambassade d'Oreste, épouvante Andromaque :

« De son fils, qu'il lui cache, il menace la tête,
Et fait couler des pleurs, qu'aussitôt il arrête. »

(*Andromaque*, v. 113-114.)

Hermione fait mourir l'homme à qui elle ne peut plaire :

« Je percerai le cœur que je n'ai pu toucher. »
(*Andromaque*, v. 1244.)

Et ce vers est certainement le plus impressionnant, le plus expressif, de tous ceux que prononcent ces amants maudits, c'est-à-dire que, lorsqu'on se voit refusé, lorsque la personne que l'on chérit nous dédaigne et paraît ignorer notre existence, il n'est qu'un chemin pour qu'elle nous reconnaisse : la faire souffrir, voire la faire mourir.

Néron est d'abord poussé au crime par l'orgueil :

« Néron impunément ne sera pas jaloux » ;
(*Britannicus*, v. 445.)

puis le triste bonheur des amants nourrit son amertume :

« Et ce sont ces plaisirs et ces pleurs que j'envie » ;
(V. 659.)

et il en vient vite aux jeux sadiques :

« J'entendrai des regards que vous croirez muets ;
Et sa perte sera l'infaillible salaire. »
(V. 682-683.)

« Je me fais de sa peine une image charmante. »
(V. 751.)

Le suicide d'ailleurs le tente presque autant que le crime :

« Et l'on craint, si la nuit jointe à la solitude...
Que sa douleur bientôt n'attente sur ses jours. »
(V. 1759-1762.)

Les mœurs turques, et le pouvoir qu'Amurat a laissé à Roxane, expliquent que, tout au long de la tragédie, la sultane invoque la mort possible de Bajazet. Mais elle ne met d'abord aucun sadisme à brandir cette menace, qu'elle voudrait bien ne pas exécuter. Essayant maladroitement d'émouvoir Bajazet, elle ne fait que l'irriter. Elle lui apparaît comme

« Une esclave attachée à ses seuls intérêts,
Qui présente à mes yeux les supplices tout prêts,
Qui m'offre ou son hymen ou la mort infaillible. »

(*Bajazet*, v. 719-721.)

C'est, comme Néron, l'échec de tous ses efforts devant la tendresse des deux amants qui la rend méchante. Après les larmes (v. 1307-1313), les ultimes espoirs, viennent les rêves cruels qui donnent l'impression d'exister à celui qui est nié :

« ... ma haine a besoin de sa vie,
Quel surcroît de vengeance et de douceur nouvelle,
De le montrer bientôt pâle et mort devant elle,
De voir sur cet objet ses regards arrêtés... »

(V. 1322-1327.)

« ... je prétends aujourd'hui
Par des nœuds éternels vous unir avec lui. »

(V. 1623-1624.)

Mithridate connaît de semblables humiliations et rêve de la même vengeance :

« Ils s'aiment, c'est ainsi qu'on se jouait de nous.
Ah ! fils ingrat, tu vas me répondre pour tous,
Tu périras... »

(*Mithridate*, v. 1117-1119.)

La maudite Eriphile hait Iphigénie, et s'est persuadée que sa présence, comme par une contagion, pourrait infecter le bonheur de sa rivale :

« ... peut-être, approchant ces amants trop heureux,
Quelqu'un de mes malheurs se répandrait sur eux. »

(*Iphigénie*, v. 519-520.)

Cette orpheline, toujours malheureuse, veut « ne pas pleurer seule » (v. 766) :

« Je suis et je serai la seule infortunée. »

(V. 1126.)

Elle conclut bientôt comme les autres solitaires :

> « Il faut ou la perdre ou périr. »
> (V. 1491.)

Phèdre, après s'être torturée en imaginant la lumineuse union d'Hippolyte et d'Aricie, s'écrie :

> « Non, je ne puis souffrir un bonheur qui m'outrage...
> Il faut perdre Aricie... »
> (*Phèdre*, v. 1257-1259.)

Même Athalie, devant la hautaine candeur de Joas, s'abandonne à la colère.

Lié à une morbidité suicidaire, nourri des pleurs qu'il voit couler, que bientôt même il fait couler, cet amour est le fils de l'amour-propre ; il signifie que la tendresse refusée devient aussitôt violence, et que celui dont l'existence est comme effacée par un bonheur qui l'ignore est condamné, pour se prouver soi-même, pour « être vu », à susciter les larmes, le sang et la mort. Comme si le Mal n'était que le fruit d'une « bonne volonté » stérile et rebutée.

Mais l'amour n'est jamais innocent : à sa racine déjà circulent, nous l'avons vu, la haine et la cruauté. Même l'amour partagé n'est pas exempt de cette captativité. Nous savons qu'Aricie est, avant tout, sensible à la fierté de fléchir l'orgueil d'Hippolyte. Atalide est capable de pousser son amant, pour le sauver, dans les bras de la sultane :

> « Allez, seigneur, sauvez votre vie et la mienne »,
> (*Bajazet*, v. 785.)

mais, quand elle voit qu'elle doit renoncer à lui, elle se désespère :

> « Elle l'aime, un empire autorise ses pleurs ;
> Tant d'amour touche enfin une âme généreuse... »,
> (V. 920-921.)

et elle reproche au prince « tous [...] [les] gages d'amour » qu'il aurait donnés à Roxane (v. 968).

C'est ainsi qu'elle va le pousser à sa perte, et elle l'explique avant de se donner la mort :

« Oui, c'est moi, cher amant qui t'arrache la vie...
Moi seule, j'ai tissu le lien malheureux...
Ah ! n'ai-je eu de l'amour que pour t'assassiner ? »

(V. 1729-1736.)

Seule, Bérénice parvient à sacrifier son amour à Titus et à l'Empire :

« Bérénice, seigneur, ne vaut point tant d'alarmes,
Ni que par votre amour l'univers malheureux...
Se voit, en un moment, enlever ses délices. »

(*Bérénice*, v. 1484-1489.)

Il existe donc bien des différences dans la conception de l'amour ou des amours raciniennes. Mais, au sein des plus belles tendresses, se devine toujours l'amour-propre, et rôde la menace de la concupiscence égoïste et parfois furieuse.

Chapitre V

LA POLITIQUE

Les personnages de tragédies sont des princes, et le sujet est toujours politique. Les contemporains ont longtemps reproché à Racine de savoir mieux peindre l'amour que le pouvoir. Il s'est efforcé de répondre à ces critiques, et il a évidemment adapté la politique impliquée par ses sujets aux divers types de tragédie qu'il imaginait.

I. — La politique ornementale

Le sujet d'*Alexandre* est apparemment tout politique ; c'est la conquête des Indes par le roi de Macédoine, et on pourrait songer à *Nicomède* ou à *Sophonisbe*, où Corneille a représenté l'assujettissement des rois au pouvoir romain. Racine a, en effet, donné quelques tableaux des conquêtes d'Alexandre :

« Voyez de toutes parts les trônes mis en cendres,
Les peuples asservis, et les rois enchaînés. »
(*Alexandre*, v. 6-7.)

« Hé quoi ! nous l'aurons vu par tant d'horribles guerres
Troubler le calme heureux dont jouissaient nos terres,
Et, le fer à la main, entrer dans nos Etats... »
(V. 141-142.)

Nous sommes parmi les rois des Indes, et le problème qui leur est posé, est le suivant : faut-il traiter avec Alexandre ou le combattre ? Porus est décidé à la lutte. Taxile est plus opportuniste :

« Flattons par des respects ce prince ambitieux...
D'un favorable accueil honorons son passage ;
Et lui cédant des droits que nous reprendrons bien,
Rendons-lui des devoirs qui ne nous coûtent rien. »
(V. 187-196.)

Le devoir d'un roi, prétend même Taxile, est « d'épargner son peuple » (v. 223) ; il évoque les affinités culturelles des Grecs et des Indiens :

« Vous adorez des dieux qui nous donnent leurs temples » ;
(V. 478.)

et il pense que l'empire d'Alexandre est trop étendu pour être solide :

« Votre empire n'est plein que d'ennemis couverts.
Ils pleurent en secret leurs rois sans diadèmes ;
Vos fers trop étendus se relâchent d'eux-mêmes. »
(V. 492-494.)

Ces morceaux d'analyse politique sont brefs ; on ne les trouve que dans la bouche de Taxile, et n'étant ni réfutés, ni approfondis, ils glissent à travers des tirades trop chantantes et trop moelleuses, qui enveloppent et noient l'argumentation. D'ailleurs, Taxile, soumis à la fois à l'influence de sa sœur et de sa maîtresse, n'est pas un pur politique. En fait, le climat général de la tragédie est bien éloigné de l'analyse et de la discussion ; c'est la galanterie héroïque comme dans les romans précieux et dans les opéras. Mus par la gloire et par l'amour, Porus et Alexandre sont comme immobilisés dans des attitudes stéréotypées, qui anéantissent à la fois la psychologie et la véritable politique. Le conquérant, qui envoie à sa maîtresse, au travers des lignes ennemies, « cent messages secrets » (v. 50), remporte une victoire facile et parvient aisément à se réconcilier avec le noble Porus. Ce ne sont que scènes convenues : les deux rois, l'ambassade d'Alexandre, Alexandre et sa maîtresse, l'embrassade du conquérant et de Porus. Racine ne paraît pas exactement représenter une intrigue suivie on croirait plutôt qu'il a cherché le scénario qui lui permît d'enchaîner les fastueux tableaux attendus par les spectateurs.

La politique est donc ici un simple élément de pompe. Malgré de brèves analyses, il n'en reste que de nobles attitudes. Les héros et les héroïnes semblent presque vides des formes dorées qui n'ont pas de contenu et sont immobilisées dans des gestes décoratifs.

C'est à peu près la même conception de la politique, qui se retrouve dans *Bérénice*. Paulin brosse un long tableau de l'histoire de Rome, pour expliquer que cette ville haïsse tant les rois, mais cette fresque est surtout un ornement (*Bérénice*, v. 371-418). Rappelant des faits que Titus connaît évidemment, elle offre plutôt une suite de noms et d'images qu'une argumentation méthodique. Dans le reste de la tragédie, la politique est encore plus ornementale. Elle cède à la pompe qu'Antiochus évoque dès le premier vers.

La pompe, c'est la noblesse des trois protagonistes. C'est la cour :

> « Les flots toujours nouveaux d'un peuple adulateur. »
> (V. 53.)

> « Tous ces yeux qu'on voyait venir de toutes parts
> Confondre sur lui seul leurs avides regards...
> Le monde en le voyant eût reconnu son maître... »
> (V. 309-316.)

C'est la postérité qui attend les héros :

> « Quelle gloire va suivre un moment de douleur,
> Quel applaudissement l'univers vous propose,
> Quel rang dans l'avenir... »
> (V. 1210-1212.)

> « ... servir tous trois d'exemple à l'univers... »
> (V. 1502.)

C'est le monde entier qui les épie et les écoute :

« ... et les secrets de son cœur et du mien
Sont de tout l'univers devenu l'entretien. »

(V. 341-342.)

C'est le tableau fastueux de l'apothéose de Vespasien :

« Ces flambeaux, ces bûchers, cette nuit enflammée... »

(V. 303.)

où Titus apparaît comme un soleil qui répand sa splendeur :

« Cette foule de rois, ces consuls, ce sénat,
Qui tous de mon amant empruntaient leur éclat. »

(V. 305-306.)

C'est l'évocation du siège de Jérusalem :

« Titus vous embrassa mourant entre ses bras,
Et tout le camp vainqueur pleura votre trépas. »

(V. 113-114.)

Ce sont enfin ces gestes trop généreux, trop faciles, que se permet l'empereur :

« Pour rendre nos Etats plus voisins l'un de l'autre,
L'Euphrate bornera mon empire et le vôtre.
Je sais que le sénat, tout plein de votre nom,
D'une commune voie confirmera ce don.
Je joins la Cilicie à votre Commagène. »

(V. 763-767.)

Mais cette histoire officielle, qui ne consiste qu'en beaux gestes, est doublée, nous le savons, d'une psychologie extrêmement réaliste, qui démythifie les princes et la reine. Alors que les protagonistes d'*Alexandre* ne semblaient que des statues dorées et vides, les héros de *Bérénice* révèlent sous leurs cuirasses ornées et leurs attitudes héroïques une nervosité, un affolement fiévreux, qui semblent tout le contraire de la pompe qui les couvre. Le problème qui se pose aux personnages et qu'ils ne parviennent à résoudre qu'au dénouement peut se formuler ainsi : comment transcender cette fébrilité qui est pourtant la vérité du cœur ? Comment incarner, sans se trahir ni se mutiler, ces belles formes sculptées par les regards admiratifs de l'univers et de l'histoire ?

II. — Fausse politique

Dans *Bérénice*, Racine est revenu, avec des intentions différentes et une profondeur nouvelle, à la politique pompeuse de l'*Alexandre*. Mais ne voyons là aucune naïveté ; rien ne montre mieux la souplesse de son génie que les différentes représentations de la politique qu'il sut donner d'une tragédie à l'autre.

Dans les personnages de *Bérénice* sont juxtaposées la splendeur mythique et une humanité extrêmement faible et presque hagarde. Mais l'association de ces deux principes peut se faire autrement et de façon ironique. Ainsi, quand les princes et les rois, qui peuplent ces tragédies, jouent leur rôle et parlent un noble langage, et invoquent des motifs respectables, alors que leurs mobiles sont tout passionnels. Dans *Andromaque*, Oreste, que les Grecs ont député à la cour de Pyrrhus, vient à Buthrot avec un « pompeux appareil » (*Andromaque*, v. 23). Mais, déjà dans le passé, il n'a considéré son rôle de prince que comme un divertissement qui pût lui permettre d'oublier sa malheureuse passion :

> « ... Je pensais que la guerre et la gloire
> De soins plus importants rempliraient ma mémoire. »
> (V. 61-62.)

Aujourd'hui il ne songe qu'à Hermione :

> « Heureux, si je pouvais dans l'ardeur qui me presse,
> Au lieu d'Astyanax lui ravir ma princesse ! »
> (V. 93-94.)

Pylade lui conseille de faire échouer la mission que les Grecs lui ont confiée :

« ... parlez et lui montrez
Contre le fils d'Hector tous les Grecs conjurés.
Loin de leur accorder ce fils de sa maîtresse,
Leur haine ne fera qu'irriter sa tendresse...
Pressez, demandez tout, pour ne rien obtenir... »

(V. 135-140.)

Le long discours pompeux qu'il prononce devant le roi d'Epire doit donc être considéré avec *ironie.* Oreste, en soutenant, en justifiant l'exigence des Grecs, ne cherche qu'à la voir écarter par Pyrrhus. Ainsi s'expliquent certaines expressions excessives :

« ... du sang troyen relever le malheur...
Nous le verrons descendre...
Ce serpent élevé... »

(V. 152-167.)

et la réponse brutale du fils d'Achille est bien telle que l'escomptait Pylade.

Pyrrhus, qui n'est motivé que par son amour pour Andromaque, sait également alléguer des motifs de prince pour justifier ces décisions changeantes :

« ... Un peu de violence
M'a fait de vos raisons combattre la puissance,
Je l'avoue...
J'ai songé, comme vous, qu'à la Grèce, à mon père,
A moi-même, en un mot, je devenais contraire ;
Que je relevais Troie... »,

(V. 605-611.)

et Phœnix est un peu risible, quand il loue son roi :

« Ce n'est plus le jouet d'une flamme servile,
C'est Pyrrhus, c'est le fils et le rival d'Achille. »

(V. 629-630.)

La politique — la pièce le signifie clairement — n'est pas une activité sérieuse ; elle donne simplement un masque et un arsenal d'arguments à des hommes égoïstes et passionnés.

De façon moins marquée, mais également ironique, se retrouve dans d'autres tragédies la démythification des motifs politiques. A toutes les raisons qu'invoque Etéocle, « le sang et le peuple » (*La Thébaïde*, v. 100), Jocaste réplique brutalement :

« Dites, dites plutôt, cœur ingrat et farouche,
Qu'auprès du diadème il n'est rien qui vous touche. »
(V. 147-148.)

C'est elle aussi qui brise les arguments pompeux de Créon :

« ... toute votre peine
Est de voir que la paix rend votre attente vaine,
Et qu'en vous éloignant du trône où vous tendez,
Elle rend pour jamais vos desseins avortés. »
(V. 259-262.)

Bajazet, pour repousser la main de Roxane, sait alléguer la coutume et l'histoire de la Turquie :

« Soliman jouissant d'une pleine puissance...
Songez...
Au meurtre tout récent du malheureux Osman... »
(V. 473-488.)

Phèdre, qui est incapable de régner, et « dans de plus nobles soins [de] [...] chercher [le] [...] repos » (*Phèdre*, v. 756), invoque, devant Hippolyte, la situation politique et les dangers qui menacent son fils ; malgré elle, sa « folle ardeur se déclare » (v. 630). De même, le fils de Thésée, après avoir proposé à Aricie un partage :

« Athènes dans ses murs maintenant vous rappelle...
Trézène m'obéit. Les campagnes de Crète
Offrent au fils de Phèdre une riche retraite... »
(V. 501-506.)

laisse la « raison » céder à la passion. S'ils sont moins fourbes qu'Oreste et que Pyrrhus, le fils et la veuve de Thésée ne considèrent pas la politique avec plus de sérieux ; ils n'y voient que des prétextes, un discours convenu, un jeu peut-être, où la passion s'oublierait.

Les héros de *Mithridate* regardent évidemment d'un œil plus grave leurs devoirs politiques et le combat où ils sont engagés contre Rome. Mais, quand Monime et Xipharès invoquent le patriotisme et l'exemple du vieux roi du Pont, Pharnace ne veut pas les entendre et il affirme que leur seul mobile est l'amour :

« Je crois voir l'intérêt que vous voulez celer...
Voilà cet intérêt, si puissant sur votre âme,
Ce père, ces Romains, que vous me reprochez... »

(*Mithridate*, v. 289-317.)

Il se trompe à demi, car le fils et la fiancée de Mithridate sont assurément sincères dans leur haine de Rome, mais il est vrai que leurs éloquents discours s'expliquent aussi par leur passion. Même la grande tirade où le roi brosse un tableau d'ensemble de l'Europe à son époque et explique son projet de gagner et de prendre Rome sert, de l'aveu même de Racine, « pour faire connaître à Mithridate les secrets sentiments de ses deux fils » ; la réplique de Pharnace, où il montre l'aspect illusoire du projet de son père, est aussi bien motivée par des raisons personnelles que par des raisons politiques ; et la scène s'achève bien loin de la pompe où elle débutait :

« Je ne saurai chercher une fille inconnue...
Monime te retient. Ton amour criminel
Prétendant l'arracher à l'hymen paternel... »

(V. 967-974.)

La politique n'est donc plus considérée ici comme un langage fallacieux, qui servirait simplement de truchement aux passions. Elle a son importance et sa gravité propres, mais elle n'est jamais pure : le même discours, la même scène offrent deux facettes opposées, puisque Monime, le roi du Pont et ses fils sont à la fois des politiques et des amants, et que leurs projets ou leurs ambitions ne sont pas éclipsés par la passion.

III. — La lutte pour le pouvoir

La Thébaïde, *Britannicus*, *Bajazet*, et *Athalie* d'une certaine manière, *Esther* même, présentent une véritable politique, c'est-à-dire la lutte de divers individus, ou de diverses factions, pour le pouvoir. Etéocle et Polynice, en dépit des interventions de Jocaste, de la trêve qui est conclue, de l'entrevue même à laquelle ils consentent, finiront par s'entretuer. Créon, qui a excité leur désunion et fait avorter toutes les tentatives d'accord, devient roi à leur place. Plus que les jeunes princes, il représente la soif de puissance et le machiavélisme dans leur pureté :

> « Le trône fit toujours mes ardeurs les plus chères. »
> (*La Thébaïde*, v. 943.)

> « Du plaisir de régner une âme possédée
> De tout le temps passé détourne son idée... »
> (V. 995-996.)

Les moyens auxquels il recourt pour parvenir à ses fins sont fort simples : pousser Etéocle à poursuivre la guerre, exciter la haine de Polynice dans le peuple et dans l'armée.

La situation est bien plus complexe dans *Britannicus*. Agrippine, épaulée par Pallas, s'oppose à Néron, que soutiennent Sénèque et Burrhus. Elle protège Britannicus, le fils de Claude, qu'elle a pourtant écarté du trône, et Junie qui descend d'Auguste :

> « Néron jouit de tout ; et moi, pour récompense,
> Il faut qu'entre eux et lui je tienne la balance,
> Afin que quelque jour, par une même loi,
> Britannicus la tienne entre mon fils et moi...
> ... Je m'assure un port dans la tempête... »
> (*Britannicus*, v. 67-71.)

L'enlèvement de Junie signifie donc le début de la guerre entre l'empereur et sa mère :

> « A ma confusion, Néron veut faire voir
> Qu'Agrippine promet par-delà son pouvoir... »
>
> (V. 249-250.)

L'impératrice analyse parfaitement bien le caractère de son fils, et la situation. La solution qui paraît logique, c'est qu'elle s'unisse avec Britannicus contre « le monstre naissant ». D'ailleurs, elle

> « ... est toujours redoutable.
> Rome et tous vos soldats rêvèrent ses aïeux. »
>
> (V. 769-770.)

Elle rêve, en effet, de montrer « le fils de Claude » à l'armée, de

> « Plaindre aux yeux des soldats son enfance opprimée,
> Leur faire à mon exemple expier leur erreur. »
>
> (V. 840-841.)

Mais, quand Britannicus la cherche et invoque « Silla, Pison, Plautus... les chefs de la noblesse » (v. 906-907), elle recule et préfère négocier avec Néron. Ses cris et ses larmes, et surtout les objurgations de Burrhus, touchent un instant l'empereur, mais enfin Agrippine a tort de proclamer :

> « Il suffit, j'ai parlé, tout a changé de face. »
>
> (V. 1583.)

La mort de Britannicus signifie sa mort prochaine :

> « Tu voudras t'affranchir du joug de mes bienfaits. »
>
> (V. 1678.)

Si Agrippine, malgré sa clairvoyance et sa popularité, perd la partie, c'est qu'elle est incapable de s'engager à fond contre son fils, peut-être parce qu'elle n'a pas le froid machiavélisme de Créon, peut-être parce qu'elle a vieilli et parle au lieu d'agir :

« ... des cris impuissants,
Des desseins étouffés aussitôt que naissants » ;
(V. 1265-1266.)

peut-être aussi parce que la situation est pour elle sans issue, et qu'elle ne peut pas s'allier réellement avec Britannicus :

« Moi le faire empereur...
Quels honneurs dans sa cour, quel rang pourrais-je [attendre. »
(V. 1258-1260.)

Les crimes qu'elle a faits pour son fils se retourneraient contre elle et la condamneraient.

Acomat sait que le sultan « a juré [sa] ruine » (*Bajazet*, v. 85). Il faut donc, s'il veut vivre, qu'il détrône Amurat et trouve un sultan qui le laisse régner sous son nom. C'est pourquoi il a suscité et entretenu l'amour de Roxane pour Bajazet, qui doit être couronné à la place de son frère. Quant à lui, il épousera Atalide, la cousine d'Amurat, et se ménagera ainsi un appui contre Bajazet lui-même, qui, une fois couronné,

« Méconnaîtra peut-être un inutile ami. »
(V. 192.)

D'ailleurs, le vizir sait que les janissaires haïssent Amurat auquel ils ne sont liés que par la crainte (v. 44) ; il s'est acquis l'appui des ulémas, qui peuvent entraîner le peuple « crédule en sa dévotion » (v. 235), et il a fait croire aux habitants de Byzance, pour les exciter contre le sultan, qu'Amurat voulait loin de cette ville

« Transporter désormais son trône et sa présence. »
(V. 246.)

Ainsi s'explique le tableau de la situation que brosse Roxane :

« Osmin a vu l'armée ; elle penche pour vous ;
Les chefs de notre loi conspirent avec nous ;
Le vizir Acomat vous répond de Byzance,
Et moi, vous le savez, je tiens sous ma puissance
Cette foule de chefs d'esclaves, de muets,
Peuple que dans ses murs renferme ce palais... »

(V. 431-436.)

Ce beau plan va échouer, et Acomat sera réduit à la fuite, après la mort de Bajazet, de Roxane et d'Atalide. C'est, nous le savons, que le grand vizir est un moins grand politique qu'il ne semble. Ignorant l'amour, il ne devine pas la tendresse de Bajazet et d'Atalide, et il est surpris, quand la vérité se découvre :

« ... trop aveugle ministre ;
Il te sied d'avoir en de si jeunes mains,
Chargé d'ans et d'honneurs, confié tes desseins... »

(V. 1378-1380.)

D'ailleurs, il manque souvent de lucidité. Ainsi, quand il parle

« ... Des soupirs enflammés
De deux jeunes amants l'un de l'autre charmés »,

(V. 863-864.)

et prétend avoir vu les « regards éloquents pleins d'amour », que Bajazet aurait posés sur Roxane (v. 887). Son plan même n'est pas absolument raisonnable. Il parie sur la défaite du sultan devant Babylone ; or, les troupes, qui auraient abandonné Amurat, s'il était vaincu, lui demeurent fidèles après son succès, ainsi que l'a prévu Osmin (v. 48-51), et, que peuvent les femmes et les esclaves du sérail contre ces soldats victorieux ? Sa tentative de sédition au dénouement n'aboutit qu'à faire mourir Orcan, et il s'enfuit sur « les vaisseaux préparés ».

Joad réussit où Acomat échoue. Pourtant il n'a que peu d'appuis :

« D'adorateurs zélés à peine un petit nombre
Ose des premiers temps nous retracer quelque ombre »,
(V. 15-16.)

et Athalie est « une grande reine » (v. 459), qui, méprisant les rumeurs du peuple, s'est bâti sur ses crimes un absolu pouvoir. Par « d'éclatants succès » (v. 471), le ciel l'a justifiée ; elle a donné la paix à la nation qu'elle gouverne.

Joad médite pour la Pentecôte un coup d'Etat. Il va montrer Joas aux « fidèles Hébreux », qui doivent venir prier au temple (v. 269-270), et les exhorter à renverser Athalie. Il se montre fort éloquent dans son discours aux lévites. Il fait appel à leur fierté :

« Il faut finir des Juifs le honteux esclavage,
Venger vos princes morts, relever votre loi...
L'entreprise, sans doute, est grande et périlleuse...
Ne descendez-vous pas de ces fameux lévites... »
(V. 1334-1363.)

et les amène à jurer sur « l'auguste livre » (v. 1370). D'ailleurs, il n'hésite pas à mentir. Il dupe les Juifs, puisqu'il leur fait croire qu'Athalie veut tuer l'enfant-roi — ce qui semble absolument contraire à la vérité. Il dupe aussi Abner, quand celui-ci vient chercher Joas : il le persuade, en effet, qu'un trésor est caché dans le temple, et demande qu'Athalie vienne seule près « de nos saints autels » (v. 1056). Ainsi attira-t-il la reine dans le piège, et alors il la fait massacrer.

Ce prêtre sans scrupule s'enivre parfois de visions sanglantes :

« ... Jézabel immolée,
Sous le pied des chevaux cette reine foulée... »
(V. 113-114.)

« Les chiens à qui son bras a livré Jézabel... »
(V. 1038-1040.)

« Dans l'infidèle sang, baignez-vous sans horreur ;
Frappez et Tyriens, et même Israélites. »

(V. 1360-1361.)

Il ne vise d'ailleurs qu'à régner, et faire régner Dieu, sous le nom de Joas :

« Il faut que sur le trône un roi soit élevé,
Qui se souvienne un jour qu'au rang de ses ancêtres
Dieu l'a fait remonter par la main de ses prêtres... »

(V. 278-280.)

Le machiavélisme impitoyable de Joad est ainsi motivé et excusé par son ardeur religieuse, et c'est Dieu qui lui permet de réussir. Il répand, en effet, sur Mathan et sur Athalie

« ... cet esprit d'imprudence et d'erreur,
De la chute des rois funeste avant-coureur. »

(V. 293-294.)

Après le rêve qui l'a bouleversée,

« Ce n'est plus cette reine éclairée, intrépide...
La peur d'un vain remords trouble cette grande âme. »

(V. 871-875.)

Ainsi, ce sont ses scrupules qui perdent Athalie. La politique exige des cœurs affranchis de toute morale, et même Dieu, pour réaliser ses desseins, peut demander des crimes à ses fidèles, encourager, au contraire, ses ennemis à de funestes tourments de conscience.

Si *Esther* nous montre aussi le triomphe des Juifs sur les méchants, « le sage Mardochée » n'a jamais recours aux terribles manœuvres de Joad. Loyal envers son souverain, il a permis à Esther de découvrir

« ... au roi les sanglantes pratiques
Que formaient contre lui deux ingrats domestiques »,

(*Esther*, v. 99-100.)

et il l'exhorte à révéler à Assuérus son origine afin de sauver tous les Juifs. Mais Mardochée ne brigue pas le pouvoir, même s'il doit, au dénouement, remplacer Aman (v. 1180).

Cette tragédie peut donc être oubliée dans notre tableau. Dans toutes les autres pièces, Racine est revenu, nous l'avons vu, sur les mêmes thèmes : pour prendre le pouvoir, il faut l'implacable volonté de Créon et de Joad qui piétinent tous les principes et toutes les affections humaines. Agrippine, Acomat et Athalie se battent mal. Les situations où ils sont plongés sont presque inextricables, ils s'égarent ou se nourrissent d'illusions, mais enfin leurs erreurs, comparées à l'inflexible habileté de leurs adversaires, ressemblent parfois à des scrupules ou à de la bonté.

IV. — Les valeurs politiques

La politique, dans le théâtre racinien, n'est pas seulement le masque des passions, ni la lutte pour le pouvoir. Il existe de véritables hommes politiques, dont l'action est sérieuse et vise à promouvoir ou à défendre des valeurs auxquelles ils croient profondément.

Titus se propose pour but « le bonheur de l'univers » :

> « Où sont ces heureux jours que je faisais attendre ?
> Quels pleurs ai-je séchés ? Dans quels yeux satisfaits
> Ai-je déjà goûté le fruit de mes bienfaits ? »
>
> (V. 1031-1034.)

Mais, n'ayant apparemment d'autres adversaires que son cœur et son passé, n'affrontant ni le sénat, ni le peuple, ni les nations étrangères, sa bienfaisance trop facile et trop pompeuse reste un geste — celui d'une statue ou d'un tableau — et ce n'est pas chez lui que nous rencontrerons une véritable action politique, avec l'opiniâtreté, la souplesse, voire la ruse, qu'elle suppose.

Burrhus a un programme politique. Il veut que

« ... dans le cours d'un règne florissant,
Rome soit toujours libre, et César tout-puissant. »

(*Britannicus*, v. 213-214.)

Le souverain ne doit pas être un despote, ni l'empire « la dépouille d'un maître » (v. 204). Le peuple et les soldats ont des droits sacrés (v. 205-206) ; les sénateurs doivent être respectés. Donc à la tyrannie, Néron, bien conseillé, doit faire succéder la monarchie qui préserve les libertés traditionnelles ; ainsi, sans recourir à la crainte, sera-t-il obéi, parce qu'il aura l'amour de ses sujets (acte IV, sc. 3). Ce programme échoue, parce que Néron est un « monstre », mais aussi parce que Burrhus, trop sincère, sachant mal « farder la vérité » (v. 174), n'est pas armé pour les luttes de cour, où la fourberie et la flatterie triomphent toujours.

Joad, nous l'avons vu, fait coïncider sa volonté de puissance avec la religion, et c'est, au fond, le fanatisme intransigeant et machiavélique, qu'il illustre. Mais la grande tragédie politique de Racine est évidemment *Mithridate*. C'est celle où est le mieux dépeinte, sans naïveté, ni schématisme, la véritable action politique, qui suppose un effort pour introduire des valeurs dans le monde.

Ces valeurs sont les mêmes chez Mithridate, Monime, Xipharès. La guerre contre les Romains n'est pas un projet égoïste, ni purement nationaliste. Dans son combat « durant quarante ans », le roi a vengé

« ... de tous les rois la querelle commune »,

(V. 9-12.)

« Ennemi des Romains et de la tyrannie »,

(V. 165.)

La fille d'Hélène ne se souvient que du triomphe des Grecs après la prise de Troie :

« Ma famille vengée, et les Grecs dans la joie,
Nos vaisseaux tout chargés des dépouillés de Troie... »
(V. 465-466.)

Mais, si l'on excepte ces passages pompeux ou illusoires, Racine ne donne de la guerre qu'une image affreuse. C'est dans *La Thébaïde* le « combat plein d'horreur » des deux frères (v. 1460) ; Polynice

« Dans le sang de son frère [...] semble se baigner ».
(V. 1499.)

On connaît toutes les images de sang et de feu, qui emplissent *Andromaque* : Hector qu'on a vu

« ... embraser nos vaisseaux,
Et, la flamme à la main, les suivre sur les eaux ».
(*Andromaque*, v. 163-164.)

« ... Pyrrhus, les yeux étincelants,
Entrant à la lueur de nos palais brûlants... »
(V. 999-1000.)

Dans *Mithridate*, c'est l'horrible tuerie qu'évoque le roi :

« Mes soldats presque nus, dans l'ombre intimidés...
Nous-mêmes contre nous tournant nos propres armes,
Les cris que les rochers renvoyaient plus affreux,
Enfin, toute l'horreur d'un combat ténébreux... »
(V. 441-446.)

Les victoires d'Achille dans *Iphigénie* sont aussi affreuses :

« Les malheurs de Lesbos, par vos mains ravagée,
Epouvantent encor toute la mer Egée.
Troie en a vu la flamme ; et jusque dans ses ports,
Les flots en ont poussé le débris et les morts. »
(V. 233-236.)

Dans *Athalie*, c'est la guerre civile, encore plus sanguinaire et plus sinistre.

Ces images de flamme et de sang signifient

évidemment une démythification des tableaux héroïques et faciles, qu'offrait la tragédie galante. De même que la politique, dans ce théâtre, n'est jamais innocente, la guerre n'y est ni plaisante, ni empanachée, et, comme l'amour, même le plus pur, est teinté d'égoïsme possessif, et capable de fureur, c'est l'humanité, de façon générale, qui, dans tous ses sentiments, dans toutes ses attitudes, même celles qu'il est convenu d'admirer le plus, est peinte de façon pessimiste, et la prétention du dramaturge est bien, dans ce sens, le réalisme, s'il implique d'abord le refus des mythes et des apparences.

VI. — Le roi et les ministres

Deux visages de rois se découvrent, nous le savons, dans les tragédies raciniennes, le souverain légitime et l'usurpateur. Le roi légitime est, en général, entouré de conseillers dévoués et capables : Paulin près de Titus, Arbate près de Mithridate, Ulysse près d'Agamemnon représentent, sous des figures différentes, le même souci de l'intérêt général et de la raison d'Etat. Ils n'ont d'ailleurs pas trop de mal à persuader leurs souverains, qui se montrent capables d'étouffer les faiblesses de leur cœur et de dévouer au « bonheur du monde ».

Près de l'usurpateur, du « tyran », et parfois même près du roi légitime, existent, au contraire, de mauvais ministres : Narcisse aux côtés de Néron, Aman près d'Assuérus, Mathan près d'Athalie, et, d'une certaine manière, Œnone près de Phèdre. Les vers que la femme de Thésée adresse à sa nourrice :

> « Détestables flatteurs, présent le plus funeste,
> Que puisse faire aux rois la colère céleste »,
> (*Phèdre*, v. 1325-1326.)

conviendraient aussi bien aux autres « pestes de cour ». Ils ont chacun des motifs un peu différents; Narcisse est un ambitieux ; il écoute l'appel de la fortune (*Britannicus*, v. 757), et il devient ainsi un méchant :

« ... pour nous rendre heureux, perdons les misérables ».
(V. 760.)

Aman est un Amalécite, mais sa haine des Juifs ne vient que de son ambition :

« Mon âme à ma grandeur tout entière attachée,
Des intérêts du sang est faiblement touchée »,
(*Esther*, v. 489-490.)

et il ne peut supporter, en dépit de son opulence, la calme résistance de Mardochée, qui paraît le braver. La psychologie de Mathan est plus approfondie. Humilié de voir lui échapper « l'encensoir », qui échut à Joad (*Athalie*, v. 930), il est devenu le courtisan des rois et le prêtre de Baal. Ses seules passions, il les découvre, sont

« ... l'amour des grandeurs, la soif de commander ».
(V. 925.)

Mais, au sein de ses prospérités, le remords d'avoir trahi Javeh

« Jette encore en [son] [...] âme un reste de terreur. »
(V. 957.)

Légèrement individualisés, ces ministres n'ont évidemment d'autre mobile que leur intérêt personnel, et leurs moyens sont les mêmes : un langage souple, des efforts permanents pour désunir la cour et pousser les puissants à s'égarer. Mathan fait la théorie de la courtisanerie :

« J'étudiai la cour, je flattai leurs caprices,
Je leur semai de fleurs les bords des précipices ;
Près de leurs passions, rien ne fut sacré ;
De mesure et de poids, je changeais à leur gré. »
(V. 935-938.)

C'est bien le rôle que jouaient Narcisse près de Néron et Aman à la cour d'Assuérus. Même Titus n'est pas satisfait de son entourage :

> « Et je l'ai vue aussi cette cour peu sincère,
> A ses maîtres toujours trop soigneuse de plaire,
> Des crimes de Néron approuver les horreurs... »
>
> (*Bérénice*, v. 351-353.)

Le bon roi est légitime. Il n'a pas d'autres passions que sa grandeur et le bonheur de son peuple. Le réveil, chez le souverain, de l'individualité, avec ses convoitises et ses faiblesses, est escorté et encouragé par les flatteurs qui, au lieu de lui parler de Dieu et de la raison d'Etat, ne l'entretiennent que de ses plaisirs :

> « Bientôt ils vous diront que les plus saintes lois,
> Maîtresses du vil peuple, obéissent aux rois,
> Qu'un roi n'a d'autre frein que sa volonté même...
> Ils vous feront enfin haïr la vérité... »
>
> (*Athalie*, v. 1391-1400.)

En fait, les flatteurs, même s'ils peuvent émaner de la réalité de Versailles, servent, avant tout, à excuser les erreurs des souverains et, comme les mauvais princes sont illégitimes, la monarchie a, dans les pièces de Racine, un statut ambigu. Les rois sont, le plus souvent, ou mauvais, ou faibles, mais des circonstances particulières (leur usurpation pour Créon, Néron, Roxane, Athalie ; leurs mauvais conseillers pour Néron, Phèdre, Assuérus, Athalie) empêchent que ces défauts ne souillent le principe monarchique. Justification équivoque, et d'autant plus équivoque, que, dans *Bérénice*, la seule tragédie où Versailles retrouve sa mythologie, il n'est pas de véritable densité, ni de nuances politiques.

Chapitre VI

L'INTRIGUE

Racine a défini son art dans plusieurs de ses préfaces. Dans *La Thébaïde*, il se targue d'avoir évité les défauts de Rotrou, qui, dans son *Antigone*, « avait réuni en une seule pièce deux actions différentes... Je compris que cette duplicité d'actions avait pu nuire à sa pièce... » Son idéal se précise dans *Britannicus* : « une action simple, chargée de peu de matière, telle que doit être une action qui se passe en un seul jour, et qui, s'avançant par degrés vers sa fin, n'est soutenue que par les intérêts, les sentiments et les passions des personnages... » ; dans *Bérénice* : « ce qui me plut davantage [dans le sujet], c'est que je le trouvai extrêmement simple. Il y avait longtemps que je voulais essayer si je pourrais faire ma tragédie avec cette simplicité d'action, qui a été si fort du goût des anciens » ; il invoque le conseil d'Horace : « Que ce que vous ferez soit toujours simple et ne soit qu'un... », et ajoute : « Quelle vraisemblance y a-t-il qu'il arrive en un jour une multitude de choses... ? Toute l'invention consiste à faire quelque chose de rien... » La tragédie doit offrir « une action simple, soutenue de la violence des passions, de la beauté des sentiments et de l'élégance de l'expression... »

« On ne peut prendre, affirme-t-il à propos de *Mithridate* et du projet du roi d'attaquer Rome, trop de précaution pour ne rien mettre sur le théâtre qui ne soit très nécessaire. Et les plus belles scènes sont en danger d'ennuyer, du moment qu'on les peut séparer de l'action et qu'elles l'interrompent au lieu de la conduire vers sa fin. » Le dénouement d'*Iphigénie*, avec l'invention d'Eriphile, a la qualité d'être « tiré du fond même de la pièce ». La conduite de *Phèdre* est différente de celle de la tragédie d'Euripide, mais « je n'ai pas laissé, ajoute Racine, d'enrichir ma pièce de tout ce qui m'a paru plus éclatant dans la sienne », et il explique comment il a « tâché de conserver la vraisemblance de l'histoire, sans rien perdre des ornements de la fable ».

Vraisemblance, unité, simplicité — tous ces principes si célèbres que Racine invoque, paraissent limpides, mais le sens que leur donne le dramaturge est plus complexe qu'il ne le semble.

L'unité n'est pas la simplicité, et la simplicité, Racine l'indique lui-même, n'exclut pas les reconnaissances (ou les péripéties), comme le montre l'*Œdipe* de Sophocle.

En fait, tous les théoriciens classiques semblent s'accorder sur ce point : l'action d'une tragédie ne peut être vraiment « une » ; elle peut, en revanche, et doit être « unifiée » (1) ; « il faut, pour que l'action soit unifiée, qu'on ne puisse en supprimer aucun élément sans rendre la pièce inintelligible, que tous les éléments utiles soient présents d'une manière continue de l'exposition au dénouement, et que tous ces éléments s'enchaînent, comme dit Aristote, selon le vraisemblable ou le nécessaire, c'est-à-dire sans être amenés par un pur hasard » (2). Ces trois principes, nous l'avons vu, Racine s'en est souvenu

(1) J. Schérer, *op. cit.*, p. 94.
(2) *Ibid.*, p. 98.

dans ses préfaces et dans ses pièces. Le discours de Mithridate à ses fils est « très nécessaire » et, s'il manquait, la tragédie deviendrait obscure ou absurde. L'action de *Britannicus* s'avance « par degrés » et, n'ayant d'autres ressorts que le cœur des personnages, tout hasard en est exclu. Une quatrième condition a encore été énoncée par les théoriciens classiques : comme une tragédie ne peut être absolument « une » et contient toujours « des actions accessoires », celles-ci doivent être « subordonnées » à l'action principale. En fait, elles n'en dépendent pas, mais, au contraire, comme Marmontel l'indique (1), elles y aident, elles en favorisent l'accomplissement. C'est ainsi que le rôle d'Eriphile dans *Iphigénie* sera étroitement lié au rôle et aux malheurs de l'héroïne, et sera évidemment indispensable au dénouement...

A ces principes généraux, que tous admettent, même avec des hésitations dans la formulation, et que tous pratiquent, s'ajoute la *simplicité*, sur laquelle Racine insiste si souvent. Il la fonde sur l'unité de temps et sur la vraisemblance. En un seul jour, répète-t-il à propos de *Britannicus* et de *Bérénice*, ne peut se passer « une multitude de choses ». Les événements, les incidents ne peuvent donc être trop nombreux. Mais ils ne sont pas, nous l'avons vu, absolument exclus et le terme même de *simplicité* recouvre plusieurs structures. Il convient ici d'analyser la nature et le rôle des *péripéties*.

I. — Péripéties et dénouements

Les héros connaissent parfois des conflits intérieurs. Ainsi Pyrrhus, Andromaque, Mithridate,

(1) *Eléments de littérature*, s. v° « Unité », texte cité dans SCHÉRER, p. 102.

Agamemnon, Phèdre (et, à la rigueur, Néron qui hésite entre sa soumission à sa mère et à ses précepteurs et la révolte que lui suggère Narcisse). Mais on trouve dans les tragédies de Racine peu de dilemmes, et ils ne donnent que rarement lieu à des monologues délibératifs. Il n'est que dans *Andromaque* qu'ils se peuvent dépasser dans une ingénieuse synthèse — celle qu'imagine la veuve d'Hector au quatrième acte. D'ordinaire, les hésitations des personnages aboutissent à des décisions contradictoires qui se succèdent. Ce qu'on peut appeler des *péripéties psychologiques*. Ainsi, dans *Andromaque*, les revirements de Pyrrhus (II, 4 et III, 7) et d'Hermione (III, 2 et IV, 3), dans *Britannicus*, ceux de Néron (IV, 3 et 4), dans *Mithridate* ceux du roi (V, 4), dans *Iphigénie* ceux d'Agamemnon (I, 1 et IV, 10), dans *Phèdre* ceux de l'héroïne (I, 3 et III, 4).

Ces oscillations peuvent d'ailleurs créer des *quiproquos*, comme on le voit dans *Iphigénie* (actes I et II). Ce que révèle cette structure, c'est, avant tout, la faiblesse humaine et, au fond, une impression *pathétique* en est toujours le fruit.

Plus souvent, Racine représente des conflits extérieurs. Ils résultent de l'opposition des principaux personnages qui ont choisi leur voie et qui s'opposent résolument. Entre ces protagonistes forts et volontaires, se situent des *intermédiaires* qui, d'ailleurs, nourrissent le drame plus souvent qu'ils ne l'apaisent. Narcisse sera le véritable auteur de la mort de Britannicus, Arbate de l'arrestation de Pharnace qui dénonce les amants et fait ainsi mûrir la tragédie ; Arcas implore « l'appui » (*Iphigénie*, v. 900) de Clytemnestre contre Agamemnon, qui veut immoler la princesse.

Cette guerre des individus se développe parfois

de façon simple et logique jusqu'au dénouement. Ainsi, dans *Britannicus*, et c'est dans la *Préface* de cette pièce que Racine propose, nous le savons, cette définition de la tragédie. Et, plus simplement encore, dans *Bérénice* et dans *Esther*. Cette logique peut prendre deux sens différents. Les hommes qu'elle nous représente semblent tantôt prisonniers de leurs passions, tantôt dominés par les dieux, et donc poussés à agir vite et de façon presque élémentaire.

Mais, dans d'autres tragédies, interviennent des *péripéties* qui ne sont plus *psychologiques*, mais *externes* : les coups de théâtre de *La Thébaïde*, la fausse mort de Porus dans *Alexandre*, l'arrivée d'Orcan, le retour de Mithridate, le retour de Thésée, la venue d'Athalie au temple et le siège du temple, et l'arrestation et la libération d'Abner. En ce cas, deux logiques sont superposées : celles des passions, et celle des événements extérieurs, où peut se discerner l'action du destin, ou même de Dieu. Dans *Athalie*, ces deux moteurs sont intervertis : Dieu est présent sur le théâtre, avec ses prêtres et ses soldats ; ce n'est donc pas lui qui crée les coups de théâtre ; ils viennent de ses adversaires.

Le dénouement d'*Esther* ne comporte pas de véritable péripétie. Celui d'*Andromaque* et celui de *Bérénice* ne comportent que des péripéties psychologiques : le suicide d'Hermione et le redressement de la reine de Judée, qui se résigne à aller vivre en Orient. Mais la plupart des dénouements présentent à la fois des péripéties *externes* et des péripéties *psychologiques*. D'une part, la victoire d'Alexandre et la mort de Taxile, la mort de Britannicus, celle de Narcisse et la fuite de Junie, la mort de Roxane, le combat de Mithridate contre les Romains, la mort d'Hippolyte. D'autre part, la réconciliation d'Alexandre et de Porus, le désespoir de Néron, le suicide d'Atalide, le pardon de Mithridate, la joie d'Agamemnon et des Grecs, la confession et le suicide de Phèdre. Le dénouement d'*Athalie* est plus difficile à juger. Apparemment prévisible, puisqu'il réalise le plan de Joad, il naît, malgré tout, de la venue d'Abner au temple ; il constitue pour la reine une péripétie, et il s'accompagne d'un rebondissement, l'avenir de Joad.

Esther ne renferme donc aucune péripétie. *Andromaque* et *Bérénice* ne contiennent que des péripéties psychologiques — tragédies sans Dieu, où les passions suffisent à nourrir l'action et à créer le dénouement. *Athalie* ne présente, au contraire, que des péripéties externes : tous les efforts de la reine et de Mathan et les ruses triomphantes du Seigneur.

Dans toutes les autres pièces, les deux ordres sont mêlés. Les passions suscitent la mort de Créon, le pardon d'Alexandre, les hésitations de Bajazet et de la sultane et le suicide d'Atalide, les hésitations et le pardon de Mithridate, les hésitations d'Agamemnon, la mort de Phèdre. Mais le monde extérieur se manifeste par l'oracle de *La Thébaïde*, la venue d'Orcan, la victoire d'Amurat, la mort de Roxane, le retour de Mithridate, l'attaque des Romains, la victoire et la mort du roi, la fausse mort et le retour de Thésée. Ainsi deux fatalités paraissent s'imbriquer : la vraisemblance des caractères et des sentiments, qui s'incarne dans des combats intérieurs ou de brusques décisions ; l'action des dieux qui égarent et accablent les héros par les coups de théâtre.

Il est un effet que semble chérir Racine, et qui, sans être proprement une péripétie, s'en approche. C'est l'*ironie*. Nous ne voulons pas dire l'ironie agressive de certains personnages meurtris et méchants — telle Hermione devant Pyrrhus, mais l'ironie du destin (ou du dramaturge), qui rend les héros dérisoires et presque risibles.

Souvent on les voit se repaître d'illusions, qui sont immédiatement démenties : Oreste se voit déjà fuir avec Hermione, quand Pyrrhus vient lui dire qu'il est résolu à épouser la princesse (*Andromaque*, II, 3 et 4) ; c'est au moment où Agrippine se réjouit d'avoir recouvré son pouvoir que Burrhus lui apprend la mort de Britannicus (*Britannicus*, V, 3) ; Bérénice proclame :

> « Si Titus est jaloux, Titus est amoureux » ;
> (*Bérénice*, v. 666.)

Antiochus croit que Bérénice pourrait l'aimer (*Bérénice*, III, 2) ; Roxane se félicite de la fidélité de Bajazet, qui la repousse aussitôt (*Bajazet*, III, 5) ; Mithridate se réjouit du loyalisme de ses soldats, qui vont se révolter (*Mithridate*, IV, 4 et 6).

Souvent aussi les personnages font le contraire de ce qu'ils croient faire et concourent à leur propre perte ; Créon, qui dédaigne les dieux, se plie à leur oracle et par sa mort le réalise : Hermione implore Oreste de tuer Pyrrhus, et se tue elle-même, et fait la victoire d'Andromaque ; Titus demande à Antiochus d'emmener Bérénice en Orient ; Mithridate confie Monime à Xipharès ; Achille exige que soit poursuivie l'expédition, qui doit lui coûter la vie de sa fiancée ; Iphigénie souhaite assister au sacrifice, où elle doit être immolée ; Eriphile alerte les Grecs et Calchas et prépare ainsi sa propre mort ; Phèdre prie Vénus de rendre Hippolyte amoureux, et apprend qu'il aime Aricie ; Aman, interrogé par Assuérus, organise le triomphe de Mardochée ; Joad, il l'annonce lui-même, place sur le trône Joas, qui tuera Zacharie.

Parfois se discerne aussi une autre forme d'*ironie*, qui apparaît surtout rétrospectivement, quand le spectateur repense à la pièce : le faible Taxile est l'auteur, dans une certaine mesure, de la victoire d'Alexandre ; Pharnace sera la victime des Romains, qu'il a préférés à son père.

Toutes ces situations n'ont peut-être pas la même profondeur, mais leur signification est bien toujours la même : la misère humaine et, plus encore, les forces qui nous dominent, se jouent de nos volontés et les font aboutir à des fins qui les dépassent et qu'elles refusent. L'ironie, qui encourage les spectateurs à de cruelles réflexions, les incite finalement à l'humilité devant les dieux ou le destin, qui nous transcendent et nous emportent.

En tout cas, deux types de dénouements se révèlent, et ils sont liés à la structure même des pièces. *La Thébaïde*, *Andromaque*, *Britannicus*, *Bajazet*, *Phèdre* se terminent dans le sang. De façon d'ailleurs similaire : d'abord un meurtre (Etéocle et Polynice, Antigone, Hémon, Pyrrhus, Britannicus, Bajazet et Roxane, Hippolyte), puis le désespoir du coupable, qui souvent en vient à se donner la mort (Créon, Hermione, Oreste, Néron, Atalide, Phèdre). Cette structure paraît d'abord à la fois triste et consolante ; elle semble équilibrer le pathétique, que suscite la mort souvent injuste d'un héros, et la punition qu'apportent au criminel son désespoir et son suicide. C'est exactement le cas dans *La Thébaïde* et dans *Britannicus*, mais les fautes d'Hermione, d'Atalide et de Phèdre sont évidemment plus excusables que celles de Créon et de Néron. C'est-à-dire que Racine (avec une sévérité janséniste ou simplement avec réalisme ?) tend à voir dans des créatures, qui paraissent innocentes ou qui s'efforcent à la vertu des germes criminels ; au manichéisme conventionnel succède une vision à la fois plus tendre et plus dure des faiblesses humaines. D'autre part, ces tragédies n'ont pas de véritable dénouement : on ne sait ce que va devenir Thèbes après la mort de Créon ; Oreste va peut-être se tuer :

> « ... Nos efforts deviendraient impuissants,
> S'il reprenait ici sa rage avec ses sens. »
>
> (*Andromaque*, v. 1647-1648.)

Néron va peut-être se tuer — ou se corriger

> « Le temps presse : courez. Il ne faut qu'un caprice,
> Il se perdrait, Madame...
> Plût aux dieux que ce fût le dernier de ses crimes ! »
>
> (*Britannicus*, v. 1763-1768.)

Zaïre va peut-être se tuer :

> « Que ne puis-je avec elle expirer de douleur ! »
>
> (*Bajazet*, v. 1748.)

Phèdre est un peu différente. Nous sommes, au tomber du rideau, informés du sort de tous les personnages, et une sorte de paix se lève sur les désastres passés :

> « Rendons-lui les honneurs...
> Que, malgré les complots d'une injuste famille,
> Son amante aujourd'hui me tienne lieu de fille. »
>
> (*Phèdre*, v. 1651-1654.)

Athalie, qui s'achève aussi par une tuerie (la mort d'Athalie, de Mathan, des « audacieux » qui peuvent soutenir la reine), conduit, comme *Phèdre*, à cette sinistre sérénité qui peut succéder aux horreurs :

> « Apprenez, roi des Juifs et n'oubliez jamais
> Que les rois, dans le ciel, ont un juge sévère,
> L'innocence un vengeur, et l'orphelin un père. »
>
> (*Athalie*, v. 1814-1816.)

Ainsi le mal, qui semblait d'abord s'épanouir dans une « quotidienneté » sans ordre, ni faste, aboutit, à travers *Phèdre* et *Athalie*, à un calme lugubre, qui le sacralise : il n'est plus le fruit de la misère, ni des égarements humains ; il est l'effet de la volonté de Vénus et de Javeh, de ces dieux cruels ou sévères, qui sacrifient leurs créatures.

Aux tueries s'oppose la *réconciliation*. Alexandre et Porus s'embrassent après la bataille ; Bérénice, Titus et Antiochus communient dans le même courage et la même « tristesse majestueuse » ; Mithridate, Monime et Xipharès se retrouvent et retrouvent leur idéal ; « la liberté... le bonheur du monde » (*Mithridate*, v. 1675-1676) ; les Grecs, divisés, se réjouissent ensemble, quand

« Les vents agitent l'air d'heureux frémissements. »

(*Iphigénie*, v. 1779.)

Esther et ses Juives trouvent en Assuérus un protecteur. Cette *réconciliation* immobilise les personnages dans la pompe et, au lieu du désordre qui succède le plus souvent aux tueries, c'est un tableau paisible et fastueux. Toutefois, l'harmonie du monde, pour se reformer, exige l'immolation d'un rebelle, du personnage qui contestait les valeurs par lesquelles est cimentée l'union des héros : l'humain Taxile égaré parmi les conquérants, le « traître » Pharnace, la « perfide » Eriphile, Mathan — tous ceux qui contestaient l'ordre pompeux auquel le poète voulait nous conduire et qui habitait, comme un rêve, le cœur de ses protagonistes.

L'un et l'autre type de dénouements reflètent donc les croyances morales les plus archaïques. La *tuerie* signifie que les méchants peuvent parvenir à leurs fins, mais ne récoltent que l'infamie et le désespoir. La *pompe*, que l'ordre du monde exige l'immolation d'un « bouc émissaire ». Il est normal, il est sans doute inévitable, que le théâtre racinien, comme tout théâtre, contienne des messages aussi simples. Mais, si les tueries de *La Thébaïde* à *Athalie* deviennent moins sommaires, puisque le mal s'y absout et s'y sacralise, les « boucs émissaires », de Taxile à Mathan, paraissent de plus en plus impardonnables. Comme si l'une et l'autre structure se retrouvaient, au terme de leurs métamorphoses, dans une sphère religieuse, où le Dieu, qui permet et nourrit le mal, et le Dieu, qui réconcilie les cœurs honnêtes, sont célébrés avec une égale ferveur, puisque les criminels, d'une part, sont innocentés et sacralisés et que, d'autre part, les rebelles sont devenus des méchants.

II. — Les scènes

Les scènes d'une tragédie classique et, en particulier, d'une tragédie de Racine, ne sont pas indéfiniment variées. Quelques types de scènes se discernent aisément et se retrouvent à peu près dans chaque œuvre.

Comme les faits (ce que nous avons appelé les *péripéties externes*) ne peuvent se dérouler sur le théâtre, ils sont connus par des messagers, qui viennent les apprendre aux acteurs et aux spectateurs. Cette exigence entraîne soit les nouvelles brèves (*Mithridate*, I, 4 ; *Phèdre*, I, 4 ; *Athalie*, II, 2), soit des récits plus longs, qui, souvent mais non exclusivement, se trouvent au dénouement (*Alexandre*, v. 1428-1457 ; *Andromaque*, v. 1495-1532 ; *Britannicus*, v. 385-406, 1619-1646 ; *Bajazet*, v. 867-896, 1675-1693 ; *Mithridate*, v. 1558-1618 ;

Iphigénie, v. 1731-1794 ; *Phèdre*, v. 1498-1570 ; *Athalie*, v. 1514-1554).

Les récits sont souvent composés fort régulièrement et tendent à une certaine pompe. Ainsi ceux de *Mithridate*, d'*Iphigénie*, de *Phèdre*. Ils marquent dans la tragédie la présence d'un merveilleux épique et religieux à la fois. L'intervention des dieux (même injustes et cruels, dans *Phèdre*) suscite le faste et une sorte de crainte sacrée, qui permet aux hommes de dépasser leurs tourments. Cette sacralisation n'existe pas dans les récits d'*Andromaque*, ni de *Bajazet*, ni de *Britannicus* ; ils nous peignent simplement le désordre de l'humanité, que rien ne peut justifier, ni sacraliser.

Aux *nouvelles* s'ajoutent les *confidences* si nombreuses dans ce théâtre. Les héros expliquent à leurs confidents les problèmes où ils se débattent, et les sentiments qui les agitent. C'est ce que nous trouvons d'ordinaire à l'exposition, après chaque grande scène, avant chaque rencontre importante. Cette structure rend la tragédie *logique*. Le personnage s'explique avant d'agir et, après l'action, il donne ses commentaires et ses conclusions. Naturellement, cette logique n'exclut pas l'émotion, quand le personnage ouvre son cœur et s'abandonne à ses souvenirs ou à ses rêves.

Des *confidences* se rapprochent les *déclarations d'amour*. Le personnage ne se révèle plus à son suivant, mais à l'être qu'il aime : ce sont les déclarations d'Antiochus à Bérénice (*Bérénice*, I, 4), de Xipharès à Monime (*Mithridate*, I, 2), de Monime à Xipharès (*Mithridate*, II, 6), d'Hippolyte à Aricie (*Phèdre*, II, 6), de Phèdre à Hippolyte (*Phèdre*, II, 5). Ces passages s'accompagnent évidemment de poésie et d'émotion.

Restent les vraies *scènes d'action* : celles où les

personnages tentent par leurs paroles d'agir sur leur interlocuteur et de parvenir ainsi à leurs desseins. Quand il n'existe pas de conflit profond entre les volontés de l'un et de l'autre, cette action peut se ramener à des conseils, un effort pour influencer le partenaire ; Narcisse influence Néron (*Britannicus*, IV, 4) ; Atalide influence Bajazet (*Bajazet*, II, 5 et III, 4) ; Arbate influence Mithridate (*Mithridate*, II, 3) ; Ulysse influence Agamemnon (*Iphigénie*, II, 3) ; Œnone, Phèdre (*Phèdre*, I, 2).

Mais, le plus souvent, les grandes scènes contiennent une *demande*. Un personnage va voir un autre personnage pour lui demander quelque chose — son appui, sa protection — plus fréquemment son amour. Il n'y aurait pas de tragédies, si ces demandes étaient exaucées. Il arrive pourtant qu'elles reçoivent une réponse positive, mais cet accord est mensonger (*Britannicus*, IV, 2), provisoire (*Britannicus*, IV, 4), imposé (*Mithridate*, II, 4) ou soumis à de dures conditions (*Andromaque*, II, 2 ; IV, 3 ; *Bajazet*, I, 2). La réponse peut aussi être le silence (*Andromaque*, III, 7). Le plus souvent, elle consiste en un refus formulé plus ou moins courtoisement (*Andromaque*, I, 2 ; I, 4 ; III, 4 ; *Britannicus*, II, 3 ; *Bérénice*, IV, 5 ; *Bajazet*, II, 1 ; III, 5 ; V, 4 ; V, 6 ; *Mithridate*, I, 3 ; IV, 4 ; *Iphigénie*, III, 1 ; *Athalie*, II, 6 ; III, 4). Ce sont évidemment ces demandes sans écho, parfois réitérées (*Bajazet*), qui rythment et nourrissent le drame.

Les héros peuvent en venir, puisque leurs passions et leurs intentions sont contradictoires, à des *querelles*, où ils cherchent plutôt à exprimer leurs sentiments, à libérer leur cœur, qu'à agir sur l'autre : Pyrrhus et Hermione (*Andromaque*, IV, 5) ; Agrippine et Burrhus, Néron et Britannicus (*Britannicus*, I, 2 et III, 8) ; Iphigénie et Eriphile,

Agamemnon et Clytemnestre, Agamemnon et Achille, Iphigénie et Achille (*Iphigénie*, II, 5 ; IV, 4, 6 ; V, 2).

A ces grands types de scènes s'ajoutent quelques formes plus particulières et plus rares : les mensonges — de Mithridate (*Mithridate*, III, 5), d'Agamemnon (*Iphigénie*, I, 2, II, 2) ; la réconciliation après un malentendu (*Britannicus*, III, 7). Plus singulières encore la scène de *Britannicus*, où Junie ne peut devant son amant être sincère puisque Néron les épie (II, 6), et celle de *Bérénice*, où Titus veut parler et n'y parvient pas (II, 4).

En tout cas, ces six grands types de scènes (nouvelles et récits ; confidences ; déclarations ; « influences » ; demandes ; querelles) sont fort inégalement répartis dans les diverses tragédies raciniennes. Dans *Phèdre*, les trois premiers sont très fréquents, les trois derniers beaucoup plus rares, ce qui signifie que la tragédie contient des *péripéties externes*, et que les personnages cherchent plus à s'épancher qu'à agir — donc qu'ils sont soumis aux dieux ; c'est tout autre chose dans *Andromaque*, *Bajazet*, *Iphigénie* : tous les genres de scènes s'y retrouvent, et surtout ceux qui impliquent l'action — les faits extérieurs (premier type) ou le combat dialogué (quatrième, cinquième et sixième type). C'est ainsi que Racine oscille entre une structure assez hiératique et lyrique — celle de *Phèdre* — et une structure plus mouvementée, peut-être moins poétique — celle des drames humains que parfois clôt la pompe d'un grand récit fastueux (*Mithridate*, *Iphigénie*).

Chapitre VII

LA POÉSIE RACINIENNE

On a souvent loué la poésie racinienne. On l'a opposée à l'intellectualisme et à la rhétorique du théâtre cornélien. On en a souligné la sobriété, si différente du faste qui règne chez Shakespeare et chez les romantiques. Mais il n'est pas aisé, il est presque impossible, d'être à la fois dramaturge et poète, et la solution que Racine a trouvée à ce problème est peut-être plus complexe, plus nuancée qu'il ne semble.

I. — Tableaux et images

Racine a inspiré les peintres. Son théâtre, qu'on a trop souvent jugé abstrait et intellectuel, est, en fait, plein d'images.

Nous rencontrons d'abord quelques évocations fugitives, qui sont toujours les mêmes — les chevaux, l'épée, les forêts, les rivages ou les « bords », les voiles. Les quatre éléments ont, dans ce théâtre, leur poésie, mais leur présence est inégale. La terre est rarement évoquée ; elle engloutit les hommes et boit leur sang :

« ... leurs champs bienheureux boiront le sang romain. »
(*Mithridate*, éd. de 1673, v. 1698.)

« ... et la terre humectée
But à regret le sang des neveux d'Erechtée. »
(*Phèdre*, v. 425-426.)

« Assez dans ses sillons votre sang englouti
A fait fumer le champ... »
(*Phèdre*, v. 503-504.)

C'est « le champ fatal » d'Achab (*Athalie*, v. 113). En revanche, ce théâtre ne contient, pour ainsi dire, aucune image de germination, si l'on excepte une brève évocation, dans *Athalie*, de « la moisson nouvelle » (v. 386).

La terre contient aussi les

> « ... cavernes sombres,
> Lieux profonds et voisins de l'empire des ombres »,
> (*Phèdre*, v. 965-966.)

où Thésée est enfermé, et il existe, chez Racine, toute une poésie des « retraites » — labyrinthe, détours des palais et des sérails, monde obscur où les héros sont captifs.

Le feu, qui s'accompagne d'ordinaire de sang, a un rôle beaucoup plus important. Il existe évidemment des flambeaux qui donnent la lumière (*Bérénice*, v. 303) et escortent l'hyménée (*Iphigénie*, v. 846 ; *Phèdre*, v. 1391) ou même représentent la vie (*Phèdre*, v. 216 : « le flambeau de vos jours »). Mais le plus souvent, les flammes accompagnent la guerre et ravagent les cités : sac de Troie dans *Andromaque* (v. 201, 997-1004), de Jérusalem dans *Bérénice* (v. 231), de Lesbos dans *Iphigénie* (v. 235). Junie, enlevée, est entourée de flambeaux (*Britannicus*, v. 388). Athalie proclame :

> « Les feux vont s'allumer et le fer est tout prêt. »
> (*Athalie*, v. 898.)

Mathan s'écrie :

> « ... j'espère qu'enfin de ce temple odieux
> Et la flamme et le fer vont délivrer mes yeux. »
> (*Athalie*, v. 913-914.)

Une « flamme cruelle » doit détruire Sion et tous ses ornements (*Athalie*, v. 1216-1217). Le sacrifice d'Iphigénie demande la flamme (*Iphigénie*, v. 905), comme celui d'Isaac (*Athalie*, v. 1441).

Ce feu et ce sang, qui représentent la mort et le

mal, servent aussi à exprimer l'amour. C'est le fameux aveu, si peu « précieux », de Pyrrhus :

> « Brûlé de plus de feux que je n'en allumai. »
> (*Andromaque*, v. 320.)

Ainsi, dans notre cœur, comme dans l'univers, règne une cruauté sans bornes, qui s'incarne aussi bien dans l'amour et dans la guerre.

La mer est, en fait, présente dans toutes les pièces, et elle regroupe bien des significations divergentes. Elle accompagne de paisibles images de puissance et de triomphe (*Mithridate*, v. 75-78 ; *Iphigénie*, v. 26, 381-382). Le fameux vers de *Mithridate* :

> « Souveraine des mers qui vous doivent porter »,
> (V. 242.)

exprime bien la sereine domination que les hommes peuvent exercer sur cet élément qui semble renoncer à toute révolte et obéir avec complaisance. La mer, unie au vent, représente aussi la liberté, l'évasion (*Andromaque*, v. 790 sq. ; *Bérénice*, v. 72 ; *Bajazet*, v. 872 sq., 1718 ; *Mithridate*, v. 240). C'est le thème de toute *Iphigénie*, où la liberté est miraculeusement conquise au dénouement :

> « Les vents agitent l'air d'heureux frémissements,
> Et la mer leur répond par ses mugissements. »
> (*Iphigénie*, v. 1779-1780.)

Mais la mer peut aussi indiquer la mort (*Bajazet*, v. 80 ; *Phèdre*, v. 382, 1632), et l'absence, la séparation, ou l'exil (*Bérénice*, v. 1112 ; *Phèdre*, v. 602).

L'air est rarement évoqué. Il représente la vie — et pas seulement, quand il est associé à la mer. C'est le verbe « respirer », qui signifie l'existence (*Bérénice*, v. 1014, 1129) et surtout le soulagement (*Bajazet*, v. 1273).

Le théâtre racinien contient toute une poésie

du jour et de la nuit. R. Barthes, en rappelant le fameux vers d'Uzès :

> « Et nous avons des nuits plus belles que vos jours »,

et la plainte de Jocaste dans *La Thébaïde* :

> « O toi, qui que tu sois, qui rends le jour au monde,
> Que ne l'as-tu laissé dans une nuit profonde ? »
> (V. 23-24.)

a imaginé que le poète opposait le calme de l'ombre et le déchirement qu'y apporte le soleil. Il est bien vrai que Bajazet, qui vit dans l'obscurité du sérail, et Junie, « être d'ombre et d'eau », fascinent les solaires Roxane et Néron. Mais, à relire tout Racine, se discernent de plus complexes rapports entre la nuit et le jour.

Les tableaux de l'aube dans *Iphigénie* (v. 4-5) et dans *Athalie* (v. 160) n'ont rien d'horrible. Bajazet veut voir la lumière (*Bajazet*, v. 237). Le jour signifie, d'ordinaire, la vie et l'innocence :

> « Le jour n'est pas plus pur que le fonds de mon cœur... »
> (*Phèdre*, v. 1112.)

> « Tous les jours se levaient clairs et sereins pour eux. »
> (*Phèdre*, v. 1240.)

> « ... je fuyais la lumière... »
> (*Phèdre*, v. 1242.)

Le soleil chasse « la nuit obscure » (*Phèdre*, v. 193), et, dans *Mithridate* l'ordre que le roi donne à Pharnace suscite une radieuse marine :

> « Demain, sans différer, je prétends que l'aurore
> Découvre mes vaisseaux déjà loin du Bosphore. »
> (V. 855-856.)

Bérénice s'enivre de l'apothéose de Vespasien :

> « De cette nuit, Phénice, as-tu vu la splendeur... ? »
> (*Bérénice*, v. 301.)

mais l'ombre est, le plus souvent, peuplée de scènes atroces : le sac de Troie (*Andromaque*, v. 997), l'enlèvement rêvé d'Hermione (*Andromaque*, v. 733) et celui de Junie (*Britannicus*, v. 54, 386, 699), le massacre des soldats de Mithridate (*Mithridate*, v. 4, 440), l'insomnie et les mauvais rêves d'Agamemnon (*Iphigénie*, v. 83-84). C'est « la nuit infernale » (*Phèdre*, v. 1277).

> « ... l'horreur d'une profonde nuit. »
> (*Athalie*, v. 490.)

En fait, à travers la lumière et l'ombre, se retrouve le même univers qui nous était apparu dans l'évocation des quatre éléments. A la terre pleine de « détours obscurs », formant des labyrinthes et des cavernes, buvant le sang qui la fait fumer, hantée de flambeaux et de bûchers, s'oppose le vent, qui fait frémir les flots et agite les voiles des vaisseaux. Au clair-obscur, monde des passions, du sang, de l'horreur, la blancheur de l'aube et la pureté du jour.

Inspiré peut-être par la peinture de son siècle, proche en tout cas, de l'imagination de tous ses contemporains, Racine en vient ainsi à présenter, dans ses tragédies, deux grands tableaux symétriques. D'une part, la nuit peuplée de lumières : le sac de Troie, l'enlèvement de Junie, l'apothéose de Vespasien, le massacre des soldats de Mithridate, le songe d'Athalie. D'autre part, plus brèves, mais aussi insistantes, les marines blanches et triomphales, qui hantent toutes les tragédies — images de liberté et de grâce majestueuse...

Les tableaux nocturnes sont, en général, construits de la même manière : au milieu de l'ombre, apparaît un personnage qui la blesse et y introduit la lumière : Pyrrhus, « les yeux étincelants » (*Andromaque*, v. 999), Junie, dont les yeux

> « ... mouillés de larmes
> ... brillaient au travers des flambeaux et des armes » ;
> (*Britannicus*, v. 388.)

Titus auquel « tous... empruntaient leur éclat... » (*Bérénice*, v. 306) ; Jézabel « pompeusement parée » et fardée (*Athalie*, v. 492) et le jeune enfant couvert d'une robe éclatante (v. 508), qui troublent Athalie. Dans la nuit de *Mithridate* seule, il n'est pas de flambeaux, mais « toute l'horreur d'un combat ténébreux » (v. 446).

Le personnage répand sa lumière ; les bûchers et les torches sont comme les reflets de la flamme qui émane de lui, et cette splendeur mobile et tremblante introduit dans les ténèbres une vie magique.

Les marines ne donnent pas lieu à de grands tableaux aussi colorés et aussi bien composés. Ce sont de furtives images, où la mer, autour des vaisseaux, s'ouvre à l'infini :

> « Nos vaisseaux sont tout prêts, et le vent nous appelle. »
> (*Andromaque*, v. 790.)

> « Déjà de nos vaisseaux la pointe était tournée,
> Et sa voile flottait, aux vents abandonnée. »
> (*Phèdre*, v. 797-798.)

Ces images sont, avant tout, des images d'*espace* ; les navires, la voile sont au centre d'une immense étendue vierge, qui semble l'étendue même, qu'on ne peut circonscrire, ni mesurer.

Ces tableaux ne sont pas toujours aussi nécessaires à l'action qu'on l'a dit. Ils reflètent, comme les grands récits fastueux à l'allure épique, une esthétique de l'*ornement*. Ils introduisent dans la tragédie un « concret pompeux et organisé ». Peut-être en considérant la grande peinture du XVIIe siècle, serait-il possible d'apprécier exactement ces clairs-obscurs et ces marines — comment ils prolongent et complètent les entrevues représentées sur le théâtre, comment ils forment des tentures fastueuses et colorées, qui s'accrochent, pour ainsi dire, aux montants de la scène. Les héros empanachés et les femmes parées s'entretiennent et se déchirent devant ces grandes tapisseries qui figurent leurs souvenirs ou leurs espérances, et qui attestent la beauté de la mer couverte de vaisseaux et de la nuit peuplée de torches.

La sensibilité commune des hommes du règne de Louis XIV et la sensibilité personnelle de Racine, qui, on le sait, n'avait jamais vu la mer, doivent se retrouver dans ces peintures : c'est, d'une part, le paradoxe de la lumière (qu'elle signifie la dévastation ou la fête) se répandant magiquement dans la nuit qui s'obstine et la conteste, d'autre part, l'espace blanc qui se développe indéfiniment et s'offre à la fuite. C'est peut-être là qu'une psychanalyse du poète (et aussi de son siècle) pourrait se justifier...

En tout cas, le rouge, le noir, le blanc dominent les tragédies et accompagnent l'un ou l'autre des héros. *Andromaque* est sanglante et nocturne, avec les détours « obscurs » du palais, la nuit « cruelle » où Troie fut prise et dévastée, le « sang » et le « feu » si souvent invoqués Junie introduit la blancheur dans *Britannicus*, avec

> « ... le simple appareil
> D'une beauté qu'on vient d'arracher au sommeil »
> (V. 389-390.)

et le « marbre » (v. 1729) de la statue d'Auguste, près de laquelle elle se réfugie. Mithridate, qui sort de la nuit et veut brûler Rome, paraît rouge et noir. Athalie, elle aussi, évoque l'ombre et le sang, alors que tout, dans le temple, connote la blancheur — « l'aube » (Athalie, v. 160), le pain (v. 386), le lin (v. 390), le marbre (v. 750), le lis (v. 781). En simplifiant, il semble que le rouge et le noir représentent les passions — convoitise et sadisme ; le blanc la transcendance, l'intrusion du divin dans la trame des horreurs humaines.

II. — Le langage

Chaque tragédie a son style. *La Thébaïde* est emphatique et oratoire, pleine de sentences, qui en raidissent le mouvement :

« Pour un trône est-il rien qu'on refuse de faire... »
(V. 112.)

« Le devoir d'un sujet n'est pas celui d'un roi...
Il doit tout à l'Etat, et ne se doit plus rien. »
(V. 117-122.)

« L'intérêt de l'Etat est de n'avoir qu'un roi... »
(V. 242.)

« La raison n'agit point sur une populace... »,
(V. 539.)

et de plaintes, qui sont bien plus pathétiques que dramatiques ; ainsi l'ensemble du rôle de Jocaste, si riche en termes affectifs : « douleurs, pleurs, larmes, alarmes, détestable... » *Alexandre* est, au contraire, mélodieux et lyrique. Les phrases sont douces et euphoniques. Les tirades contiennent des suites régulières de quatrains, que le poète a, malgré tout, su diversifier. On peut relever maintes phrases parallèles et souvent anaphoriques :

« Quitterai-je Porus ? Trahirai-je... ? »
(V. 13.)

« Il faut sauver...
Il faut aller... »
(V. 73-74.)

« Faut-il mettre à vos pieds...
Faut-il donner la paix ? Faut-il faire la guerre ? »
(V. 357-358.)

« Je sais qu'en l'attaquant...
Je sais tous ses exploits... »
(V. 431-432.)

de nombreuses expressions convenues, qui amollissent le discours (« paix profonde », « beau feu », « puissants appas », « tristes soupirs », « puissantes armées »), des pléonasmes. C'est la belle langue, un peu distendue, de Quinault et des précieux. La poésie galante du XVIIIe siècle, haussée parfois jusqu'à l'héroïsme, règne dans toute la tragédie. Même la guerre paraît charmante ; purgée de toute horreur, elle se chante sur le rythme mélodieux qui convient à l'amour et compose de douces tapisseries Fleurie, galante, moelleuse, cette langue a son charme — un peu monotone, pas assez âpre peut-être — pas assez expressive même, puisque les contours sont adoucis et qu'une élégance vaporeuse circule à la surface de toutes les phrases.

Andromaque, en dépit de quelques grands couplets poétiques, marque la découverte du langage « naturel » — brisé, nerveux, presque fébrile. Les phrases tiennent, en général, en un ou deux hémistiches. Les images sont rares, elles se ramènent à quelques personnifications, qui sont plus convenues que proprement poétiques (« mes regards », « mes soupirs »). Nous n'avons le plus souvent qu'une prose à peine ornée :

> « Je vous le dis : il faut ou périr ou régner. »
> (V. 968.)

> « Je meurs, si je vous perds ; mais je meurs, si j'attends. »
> (V. 972.)

Dans la voie du naturel, souvent presque prosaïque, Racine progresse avec *Britannicus* et *Bajazet*. Les affrontements de Britannicus et de Néron offrent la nudité même de la haine :

> « Et qui m'en instruira ?
> Tout l'empire à la fois,
> Rome...
> Imitez son respect...
> On sait ce qu'elle en pense. »
> (V. 1045-1051.)

Mais une étrange perspective est créée dans la pièce par la « romanité » de la langue :

« On verra d'un côté le fils d'un empereur
Redemandant la foi jurée à sa famille... »
(V. 842-843.)

« Les spectacles, les dons, invincibles appas... »
(V. 1169.)

« Britannicus mourant excitera le zèle... »
(V. 1347.)

L'histoire est donc présente dans la tragédie, et elle éloigne de nous les personnages que leur violence et leur hargne nous rendent si proches. La tragédie reste une *représentation* ; la vie, sans y être altérée, s'y moule en bas reliefs.

Cette histoire n'existe plus dans *Bajazet*, qui a certainement le ton le plus familier, le plus « hâtif » même, de toutes les tragédies raciniennes. Dès les premiers vers, un prosaïsme précipité s'impose :

« Viens, suis-moi. La sultane en ce lieu se doit rendre.
Je pourrai cependant te parler et t'entendre. »
(V. 1-2.)

Les raccourcis expressifs sont fréquents :

« ... cet esclave est venu ;
Il a montré son ordre et n'a rien obtenu. »
(V. 75-76.)

« J'ai fait ce que j'ai dû ; je ne m'en repens pas. »
(V. 854.)

« Avec le temps aussi vous pourrez me connaître. »
(V. 861.)

Une étrange poésie peut éclore dans cette sèche nudité. Ainsi, dans le récit d'Acomat, qui, sans ornements, parvient à créer une atmosphère onirique :

« ... j'ai couru, j'ai volé,
La porte du sérail à ma voix s'est ouverte... »
(V. 876-877.)

D'ailleurs, il arrive que le discours devienne plus ample et plus mélodieux, par exemple, lorsque Racine se souvient d'Ovide pour exprimer les souffrances de Roxane :

> « Tu ne remportais pas une grande victoire,
> Perfide, en abusant ce cœur préoccupé,
> Qui lui-même craignait de se voir détrompé. »
>
> (V. 1298-1300.)

Mais, même dans cette tirade, qui pourrait s'organiser en de fastueux couplets, le chant est vite brisé :

> « Tu pleures !...
> Ah, traître, tu mourras... »
>
> (V. 1310-1314.)

Bérénice, qui superpose, nous l'avons vu, en chaque personnage la pompe de l'effigie officielle et la réaliste description des faiblesses humaines, offre un style ambigu. Le vocabulaire est souvent familier ; il arrive que les tirades soient coupées de façon assez abrupte :

> « Je m'agite, je cours...
> Phénice ne vient point... »
>
> (V. 955-957.)

> « ... ces voiles détachés,
> Et ces cheveux épars dont vos yeux sont cachés. »
>
> (V. 969-970.)

> « ... Hélas ! que vous me déchirez... »
>
> (V. 1153.)

Mais, à travers ces tourments et cette mobilité, montent des couplets. La phrase atteint alors quatre, ou même huit vers. Comme dans *Alexandre*, mais de façon plus fine et plus nuancée, le langage devient moins significatif que mélodieux. S'imposent alors des anaphores (v. 235-237-238 ; 759-762, 1112-1113 ; 1114-1115 ; 1116-1117), des adjectifs assez conventionnels : « triste... aimable... cruel », des assonances :

« Mais enfin succombant à ma mélancolie,
Mon désespoir tourna mes pas vers l'Italie. »

(V. 239-240.)

Ainsi la langue de la tragédie se caractérise par ces alternances de nervosité et de musique moelleuse. Elle est un peu chargée, un peu ornée ; elle fait flotter, dans toutes les tirades, même politiques, un rêve d'harmonie et de bonheur.

De façon moins tendre et plus grandiose, le style de *Mithridate* est également mélodieux et orné. Les tirades longues l'emportent sur les affrontements qui s'imposaient dans *Andromaque*, et surtout *Britannicus*. Les personnages paraissent souvent se chanter plutôt que parler à leur partenaire ; les scènes se décomposent en une suite de chants, qui évoquent l'opéra. C'est l'admirable appel de Pharnace :

« Jusques à quand, Madame, attendrez-vous mon père ? »

(V. 224.)

les éloquentes protestations de Mithridate :

« Ah ! pour tenter encor de nouvelles conquêtes... »

(V. 559 sq.)

« Venez, mon fils, venez, votre père est trahi... »

(V. 606 sq.)

et les plaintes lyriques de Xipharès et de Monime :

« Ne vous souvient-il plus, sans compter tout le reste...
Ne vous souvient-il plus...
Je m'en souviens tout seul... »

(V. 201-203.)

« Inutile ou plutôt funeste sympathie !
Trop parfaite union par le sort démentie ! »

(V. 691-692.)

Cet opéra contient plusieurs thèmes qui reviennent comme des leitmotive : la guerre, la vieillesse, la Grèce, le diadème — et plusieurs morceaux de bravoure se distinguent : les déclarations et les adieux des amants (acte II, sc. 4), le plan de Mithridate (acte III, sc. 1), les dernières paroles de Monime avant de prendre le poison (acte V, sc. 2), le récit d'Arbate (acte V, sc. 4), le grand tableau final, qui montre le roi sanglant et entouré de gardes, bénissant Monime et Xipharès qui chantent sa grandeur :

« Vivez, seigneur, vivez pour le bonheur du monde...
... unissons nos douleurs,
Et par tout l'univers cherchons-lui des vengeurs... »
(V. 1697-1698.)

Iphigénie aussi est, à sa manière, un opéra — mais moins pompeux, plus trivial parfois et souvent plus mélodieux. Un opéra bourgeois, pourrait-on dire, quand on entend Agamemnon et Clytemnestre s'interpeller familièrement :

« Vous ne démentez pas une race funeste »,
(V. 1249.)

ou commenter naïvement leurs querelles :

« A de moindres fureurs je n'ai pas dû m'attendre.
Voilà, voilà les cris que je craignais d'entendre. »
(V. 1317-1318.)

Mais, le plus souvent, sans les surcharges qui ornent la langue de *Mithridate*, monte une musique fluide et caressante, presque impalpable :

« Ma mère est devant vous, et vous voyez ses larmes »
(V. 1218.)

« Je m'en retournerai seule et désespérée,
Je verrai les chemins encor tout parfumés
Des fleurs dont sous ses pas on les avait semés. »
(V. 1306-1308.)

Plus que les images qui hantent cette tragédie — la mer, le camp, l'hymen et ses flambeaux —, plus que les adjectifs parfois un peu pompeux, c'est le rythme qui fait la poésie de cette œuvre. Ainsi dans les aveux d'Eriphile s'élève une poignante musique :

« Je frémissais, Doris...
Je le vis : son aspect n'avait rien de farouche,
Je sentis le reproche expirer dans ma bouche.
Je sentis contre moi mon cœur se déclarer.
J'oubliai ma colère et ne sus que pleurer. »

(V. 493-500.)

Plus imagée, avec ses évocations mythologiques, plus chargée, plus grandiose, *Phèdre* offre certainement dans ses sommets les plus belles réussites raciniennes. Comme dans *Mithridate*, nous avons de somptueuses tirades, des « morceaux de bravoure », de grands airs : les confidences d'Hippolyte à Théramène, de Phèdre à Œnone ; les déclarations du prince et de la reine ; les imprécations de Thésée... Mais partout se retrouvent les mêmes procédés : répétitions et pléonasmes (v. 1-2), les anaphores (v. 6-7, 10-13, 130-131, 1259), et surtout l'amplification. Pour dire : « Thésée est mort », Hippolyte proclame :

« Les Dieux livrent enfin à la Parque homicide
L'ami, le compagnon, le successeur d'Alcide. »

(V. 469-470.)

Pour dire : « Depuis trois jours, vous n'avez pas dormi », Œnone affirme :

« Les ombres, par trois fois, ont obscurci les cieux,
Depuis que le sommeil n'est entré dans vos yeux,
Et le jour a trois fois chassé la nuit obscure. »

(V. 191-193.)

On comprend que Malraux ait vu dans la tragédie « un poème baroque ». Ce n'est plus la Grèce blanche et mélodieuse d'*Iphigénie*, c'est la Grèce tragique; les masques et les oripeaux des acteurs, ce sont ces rythmes pompeux, ces images fastueuses, ces ornements lourds et raides. Les dieux jouent avec les personnages et hantent leur cœur. Neptune, Vénus, le soleil sont à la fois les spectateurs du drame et ses acteurs, puisqu'ils ont pénétré l'âme et le sang des héros. C'est ainsi que la langue, toute docile qu'elle soit aux vraisemblances dramatiques et à la logique des passions, forme d'ordinaire un poème sacré, une sorte de prière barbare.

Esther emprunte ses images à la Bible, mais elles sont adoucies. Même les tableaux d'horreurs (acte I, sc. 5) sont calmes et mélodieux :

> « Je tomberai comme une fleur
> Qui n'a vu qu'une aurore. »
> (*Esther*, v. 328-329.)

D'ailleurs, les adjectifs sont, en général, extrêmement conventionnels : « le fier Assuérus » (v. 27), le « persan superbe » (v. 28), les « desseins secrets » (v. 58), les « sanglantes pratiques » des « ingrats domestiques » (v. 99-100). C'est comme si tout ce que le sujet a d'affreux était passé, qui l'édulcore. Très conventionnelle, trop douce, cette langue pourrait nous lasser, mais elle se sauve par son harmonie et son élégance. Moins éclatant que celui d'*Iphigénie*, ce style a les mêmes vertus rythmiques — le même chant discret et pénétrant :

> « Il parle, et dans la poudre il les fait tous rentrer.
> Au seul son de sa voix, la mer fuit, le ciel tremble. »
> (V. 224-225.)

> « Oui, vos moindres discours ont des grâces secrètes
> Une noble pudeur à tout ce que vous faites
> Donne un prix... »
> (V. 1016-1017.)

Cette harmonie n'existe pas dans *Athalie*. La plupart des scènes sont marquées d'une nervosité, qui évoque *Britannicus* et *Bajazet*. Souvent le style frôle la prose :

« Hé bien ! que ferez-vous ? »
(V. 145.)

« Je leur déclarerai l'héritier de leurs maîtres. »
(V. 180.)

« Vos larmes, Jésabeth, n'ont rien de criminel. »
(V. 265.)

« Ce songe et ce rapport, tout me semble effroyable. »
(V. 544.)

« Quel est-il ? de quel sang ? et de quelle tribu ? »
(V. 546.)

Même les images empruntées à la Bible sont fondues dans un dialogue nu et incisif. Tout change dans les chœurs (surtout les deux premiers) qui s'emplissent de la même suavité que ceux d'*Esther* :

« Il donne aux fleurs leur aimable peinture.
Il faut naître et mûrir les fruits. »
(V. 323-324.)

Tout change surtout, lorsque Joad s'abandonne à des visions prophétiques. Il atteint alors l'un des sommets de la poésie française :

« Cieux, écoutez ma voix, terre, prête l'oreille. »
(V. 1139.)

« Quelle Jérusalem nouvelle
Sort du fond du désert, brillante de clartés... »
(V. 1159-1160.)

C'est ainsi qu'un violent contraste se découvre entre les agitations humaines et l'harmonie divine qui pénètre la scène par les chœurs et les prophéties...

La variété dramatique de l'œuvre racinienne se retrouve donc dans les divers styles qui y apparaissent. On peut discerner trois niveaux d'expression.

Le *niveau 1* est tout proche de la prose. Excepté les inversions, qu'impose la versification, et les personnifications, qui sont pour ainsi dire, la seule figure admise, le style est nu ; tous les mots ont leur sens, et le rythme est rapide. C'est, nous le savons, ce qui domine dans *La Thébaïde* (où ce style est gâté par les maximes, les banalités, les archaïsmes), et surtout dans *Andromaque*, dans *Britannicus* (où la « romanité » générale glace un peu l'expression), dans *Bajazet* et même dans *Athalie*.

Le *niveau 2* contient aussi des inversions et des personnifications. Mais le rythme est plus ample ; les tirades sont formées de strophes de quatre, six ou huit vers ; les adjectifs sont souvent un peu inutiles, et c'est ainsi que le chant contrebalance la signification ; les *anaphores* rythment d'ailleurs le discours. C'est le style d'*Alexandre* et de *Bérénice*.

Au *niveau 3*, persistent tous les ornements qui nous étaient apparus au *niveau 2*, mais s'y ajoutent des périphrases et des métaphores. C'est la forme la plus rare. Avec le *niveau 2*, on le trouve dans *Mithridate*, *Iphigénie*, *Phèdre*, *Esther*, et il domine les passages les plus poétiques d'*Athalie*.

Cette classification est forcément un peu schématique, et la réussite de Racine consiste, en général, à fondre l'harmonie et les ornements dans un discours signifiant et dramatique. Cependant, les différences de langue correspondent aux différences dramatiques, qui nous étaient apparues. Quand la langue est ornée et chantante, elle impose son harmonie à tous les acteurs, qui paraissent alors comme les éléments d'une symphonie fastueuse ; la musique et l'éclat préexistent, semble-t-il, aux émotions et aux désirs des personnages, qui s'y fondent, ou, à la limite, ne souffrent et n'agissent que pour satisfaire aux exigences esthétiques ; en revanche, la langue nue et diaphane est au service des caractères et des passions ; les individus vivent d'abord et créent le drame, qui est souvent imprévu, voire chaotique.

III. — Les beautés raciniennes

La Thébaïde, *Britannicus*, *Bajazet* forment ces drames individualistes et funestes ; l'harmonie d'*Alexandre*, de *Bérénice*, de *Mithridate*, d'*Iphigénie*, d'*Esther* signifie, au contraire, la recherche d'un ordre transcendant qui est à la fois la Beauté et le Dieu providentiel. Mais le Dieu noir veut également dominer et justifier les égarements humains ; c'est le « poème » de *Phèdre*, les chœurs et les prophéties d'*Athalie*.

Comment concilier la vie et la beauté ? C'est peut-être le problème de tout art, mais c'est certainement le problème que s'est posé Racine et qu'il a cherché à résoudre à travers toutes ses tragédies. Cette question, il l'a formulée à sa manière : la vie, à ses yeux, était lamentable — combats politiques, qui exigent le sacrifice de toute morale et de tous scrupules, guerres sanguinaires, amour imprégné d'amour-propre et porteur de violence, même chez les plus tendres, immolation d'êtres innocents à l'ambition ou à la jalousie. Ce pessimisme, les nécessités du théâtre, le goût de Racine et de ses contemporains, les époques et les nations qu'il s'efforce de comprendre et de ranimer, ses obsessions secrètes concourent à le modeler et à le dominer.

Il n'est aucune transcendance dans *Andromaque*, ni surtout dans *Bajazet* ; les hommes y mènent une vie absurde et presque animale ; ils tuent ce qu'ils aiment et se tuent eux-mêmes. L'action sera donc fertile en retournements, souvent presque comiques dans *Andromaque*, en péripéties ; le dénouement sera atroce ; le lieu, un palais, dont les flots viennent battre les murs, mais l'évasion n'est accordée qu'au vizir. Certes, le dénouement d'*Andromaque* semble assez juste, puisque la veuve vertueuse et son fils gardent la vie et prennent le pouvoir après que les fauves se sont entredéchirés, mais la mère d'Astyanax n'a plus, une fois libérée et couronnée, la même humilité, presque sainte, qu'elle montrait dans ses malheurs :

« ... Oui, c'est cette princesse
Deux fois veuve, et deux fois l'esclave de la Grèce,
Mais qui jusque dans Sparte ira vous braver tous. »
(Acte V, sc. 3, tirade supprimée après 1679.)

La « grande tuerie » de *Bajazet* n'est éclairée d'aucun reflet de justice ou de paix. Seul, le réalisme de Racine peut excuser cette horreur : les Turcs, qui méprisent la mort, révèrent le destin et s'abandonnent sans frein à leurs passions, ne méritent rien d'autre.

Mais où sera donc la beauté, la transcendance, dans ces tragédies, qui ignorent la sérénité et presque la poésie ? La seule domination que le poète (et son spectateur) garde sur les égarements humains réside dans leur intelligence — la vérité, la finesse même de la psychologie, l'expression juste, « marquée » et pourtant simple, comme si les fauves, leurs folies et leurs malheurs étaient, sans parures, ni adoucissement, transportés dans une *représentation* élégante et souverainement lucide.

Britannicus a bien la même action et les mêmes caractères, mais trois éléments assurent une distance et réintroduisent l'ordre : la « romanité » de l'expression, qui crée évidemment, de façon plus précise que dans *Andromaque* et *Bajazet*, la *représentation* ; Junie plus parfaite que la veuve d'Hector; et le dénouement où les méchants sont châtiés et la jeune fille miraculeusement sauvée.

Ce Dieu bienveillant, qui se devine au dernier acte de *Britannicus*, va se retrouver, avec un rôle de plus en plus important, dans *Mithridate*, dans

Iphigénie et dans *Esther*. Ce n'est pas seulement le dénouement qui sera miraculeux ; les personnages ne seront plus considérés d'un œil aussi cruel qu'autrefois ; même Pharnace, même Eriphile ne sont pas des monstres ; même Aman a des excuses. A la place de la nervosité et des émotions hagardes, qui régnaient dans *Bajazet*, nous avons, dans *Mithridate*, des caractères, qui ont leur grandeur ; puis, dans *Iphigénie*, et surtout dans *Esther*, des figures plus élémentaires. A la cruelle complexité de l'analyse succède une simplification poétique. Les mythes l'emportent sur les hommes. A la généreuse mythification des personnages s'ajoute une langue harmonieuse, plus chargée dans *Mithridate*, plus chantante dans *Iphigénie* et dans *Esther*, mais toujours surhumaine et attestant la primauté du poème sur les individus qui y sont confrontés.

Cette voie empruntée par Racine pour surmonter le pessimisme est celle sans doute qui convenait le mieux à ses contemporains. Elle évoque Lully, Le Brun, les fastes et l'optimisme pompeux des contemporains de Louis XIV. Mais le Mal, au lieu de se dominer, peut se justifier et se sacraliser. C'est peut-être ainsi que se comprend le mieux *Bérénice* ; la tristesse y règne, même « majestueuse » — c'est-à-dire que la grandeur des personnages, la douceur de leur langue et leur héroïsme au dénouement compensent les souffrances imposées par le destin. Le malheur est ici sauvé en étant assumé au nom de valeurs collectives, qui forcent le respect et justifient l'harmonie et l'expression. Plus profondément, dans *Phèdre* et dans *Athalie*, le Mal sera divinisé ; les hommes seront, même les prêtres, contraints aux crimes ; le faste mythologique de *Phèdre* sacralise toutes les horreurs ; dans *Athalie*, ce sont les chœurs, les prophéties, la Jérusalem future.

CHAPITRE VIII

RACINE EN NOTRE TEMPS

L'œuvre de Racine a inspiré à la critique moderne de brillantes synthèses. Les livres de R. Barthes, de L. Goldmann, de C. Mauron sont justement célèbres ; ces auteurs, ainsi que G. Poulet et J. Starobinski dans des articles plus rapides, ont concouru à renouveler le regard que nous pouvons porter sur ces tragédies.

En dépit de toute la polémique suscitée par le *Sur Racine* de Barthes, cet ouvrage ne nous semble pas le plus original, ni le plus important. C'est plutôt la présentation que le contenu de cette analyse, qui peut déconcerter. Mais enfin, les grands thèmes — le lieu racinien, « l'ingratitude », les rapports du puissant et des amoureux, les deux *Eros*, le *tenebroso* — n'ont rien de trop excitant, ni surtout de révoltant. En revanche, l'introduction est trop hâtive et trop ambitieuse. Il ne nous paraît pas du tout certain qu'on puisse retrouver dans les onze tragédies « les figures et les actions de la horde primitive : le père... les femmes... les frères... le fils, enfin, déchiré jusqu'à la mort entre la terreur du père et la nécessité de le détruire » (1). Pour soutenir cette interprétation, le critique est amené à déformer

(1) R. BARTHES, *Sur Racine*, p. 20-21.

étrangement *Bérénice*. En fait, à lire ce livre brillant, on se sent partagé entre l'admiration et l'irritation. Bien des vérités y sont révélées, que la critique traditionnelle, trop conformiste et accoutumée à reprendre indéfiniment les mêmes évidences, a laissé échapper. En revanche, ces vérités, saisies hâtivement, sont presque toutes déformées ; après nous avoir séduits, elles nous rebutent et nous ne les reconnaissons plus. La même étude, moins rapide et plus nuancée, eût été excellente, mais peut-être, si nous nous reportons en 1960, comprendrons-nous qu'il fallait un peu d'excès, au risque de s'égarer, pour sortir des ornières.

Le fameux libre de L. Goldmann, *Le Dieu caché*, est aussi éclairant et semble-t-il, moins téméraire. Les travaux de Lukács ont nourri la longue étude de « la vision tragique » qui ouvre le volume, et ceux de R. Mousnier la description de la noblesse de robe et des commissaires à la fin du XVIe et au début du XVIIe siècle. Le jansénisme est l'idéologie des officiers, qui se sentent dépouillés de leurs prérogatives, mais deux courants s'y distinguent — le centrisme « arnaldien » et l'extrêmisme de Barcos. Racine, éduqué à Port-Royal, bien qu'il eût rompu avec ses maîtres, resta leur interprète. Ses « deux drames sacrés, *Esther* et *Athalie* se rattachent... d'assez près au courant arnaldien, la quasi-tragédie *Andromaque* et les deux premières tragédies de Racine, *Britannicus* et *Bérénice*, se rattachent à l'extrémisme de Barcos, tandis que *Phèdre* [...] tout en représentant une position bien plus radicale, [est] [...] difficilement concevable en dehors de cet extrémisme ; enfin les drames intramondains de Racine, *Bajazet*, *Mithridate* et *Iphigénie*, reflètent l'acceptation méfiante et pleine de réserves de la Paix de l'Eglise par la conscience extrémiste et tragique, qui était celle de Racine à cette époque... » (1).

Dans l'analyse des pièces, L. Goldmann se montre souvent judicieux et clairvoyant. Il est bien vrai qu'Andromaque ruse jusque dans son héroïsme, et que la distance qui « [la] [...] sépare de Pyrrhus », une fois qu'elle a pris la résolution de mourir, est diminuée, contrecarrée « par un lien qui subsistera... » (2). Il est bien vrai que, dans *Bajazet* n'apparaît, à proprement parler, aucun « héros tragique », mais un « mélange de mal et de bien, d'égoïsme et de sympathies agissantes » (3). *Mithridate* peut, en partie, être considéré comme « une pièce historique » destinée à exprimer « l'existence d'un accord profond et efficace [...] entre l'homme et le monde [...] la possibilité de surmonter grâce à l'histoire et à la tâche historique des héros tous les conflits individuels » (4) ; et le personnage du roi n'est peut-être pas bien unifié, puisque ses « deux éléments » (le combat contre les Romains ; la passion pour Monime) « jouissent chacun d'une autonomie presque entière et semblent ne jamais s'influencer l'un l'autre » (5). Deux pièces sont superposées, comme le dit L. Goldmann, dans *Iphigénie*, et même deux univers : l'univers providentiel et l'univers tragique (6). Phèdre, admirable et pathétique parmi les pâles figures qui l'entourent, commet l'erreur, poussée par Œnone, de croire possible de vivre dans le monde et, quand elle expire, l'ordre coutumier peut se reformer, oubliant la vertigineuse intrusion du tragique. Dans *Esther*

(1) L. Goldmann, *Le Dieu caché*, p. 164-165.
(2) *Ibid.*, p. 361.
(3) *Ibid.*, p. 391.
(4) *Ibid.*, p. 393-394.
(5) *Ibid.*, p. 400.
(6) *Ibid.*, p. 402 sq.

se retrouve « un ensemble de stéréotypes conventionnels, d'images d'Epinal, que Racine a simplement revêtu du riche vêtement de sa poésie » (1), et le « réalisme implacable des tragédies raciniennes » y semble perdu. *Athalie*, en revanche, est « d'un réalisme profond » (2), et la pièce signific peut-être l'espoir « en Dieu et en l'éternité », mais « sans aucune concession sur le plan du réalisme terrestre » (3).

Tout cela est exact. D'autres interprétations nous semblent plus discutables. Le dialogue entre Junie et Britannicus est absolument faussé, si l'on oublie que Néron l'écoute et que seule Junie le sait. Comment assimiler « le long bannissement » de Titus au « temple des Vestales », où se réfugie Junie (4) ? Il est un peu arbitraire de reconnaître dans la cour « le monde » méprisable, et dans Rome et l'univers le Dieu présent et absent de la tragédie. Plutôt qu'un renoncement au monde et le choix d'une retraite pire que la mort, la solution adoptée au dénouement nous semble signifier l'immolation de la personnalité au « bonheur de l'univers » ; la politique n'a pas ici le masque dérisoire et cruel qu'elle porte dans *Andromaque* et *Britannicus* ; elle est une valeur vénérable. Enfin, comme R. Barthes, L. Goldmann se permet souvent de modifier la signification de certains vers, en les isolant du contexte.

Mais, plus que les interprétations qu'il présente de telle ou telle scène, de telle ou telle tragédie, c'est son système général qui nous paraît contestable. Les variations qu'il distingue entre les diverses pièces de Racine nous semblent réelles,

(1) *Ibid.*, p. 442.
(2) *Ibid.*, p. 445.
(3) *Ibid.*, p. 446.
(4) *Ibid.*, p. 383.

mais peut-on les expliquer par l'histoire de Port-Royal sous Louis XIV ? Cela ne permettrait pas de comprendre ce qui sépare *Athalie* et *Esther*, *Britannicus* et *Bérénice*. Parmi les éléments qui ont influencé Racine, le jansénisme dont il fut nourri dans son enfance est certainement important, mais pourquoi l'isoler et le valoriser à ce point ? La cour, les guerres du roi, la vie personnelle du poète, n'auraient donc eu aucune influence sur son œuvre. Ni le théâtre de son temps — est-il sûr qu'en appliquant la même grille du tragique janséniste à l'œuvre d'un dramaturge contemporain, Thomas Corneille, par exemple, ou Boyer, on ne parviendrait pas à des conclusions analogues ? Si l'étude de R. Barthes nous semble parfois nourrie d'inductions téméraires, celle de L. Goldmann se présente plutôt comme une déduction trop autoritaire ; le réel n'est pas vraiment faussé, mais il est intégré, tant bien que mal, à un système qui le précède et n'est pas absolument démontré.

La longue étude de R. Jasinski, *Vers le vrai Racine*, a été souvent discutée, mais, au fond, avec sa prudence, puisque le critique ne prétend présenter que les multiples hypothèses qui peuvent se concevoir sur la genèse des tragédies et en enrichir la lecture, cet essai ne nous semble pas stérile. Si l'on essaye de comprendre tout ce qui, dans l'actualité politique et dans la vie personnelle, a pu concourir à former une œuvre, il est évident qu'on peut s'égarer, mais parmi tant de conjectures, dont l'incertitude est d'ailleurs assumée, des vérités partielles ou d'éclairantes probabilités sont atteintes.

Nous n'oserions commenter l'étude de C. Mauron, que seule la connaissance parfaite de la méthode psychanalytique permettrait d'examiner ou de discuter sérieusement.

En fait, toutes ces tentatives nous semblent bonnes. Il est bien facile et il est indispensable d'en mettre en doute la validité. Mais, prises ensemble, si l'on veut ne pas se crisper dans une opposition radicale ou une naïve vénération, elles renouvellent, elles nourrissent notre lecture et notre vision de Racine. Aucun professeur, aucun metteur en scène ne peut présenter *Andromaque* ou *Phèdre* de la même manière qu'il l'eût fait avant Jasinski, avant Goldmann et Barthes. Il importe aussi bien de dénoncer les faiblesses de méthodes ou les déformations qui gâtent ces ouvrages, et d'en retenir le suc. Entre le stérile conformisme qui a incité la critique à reprendre indéfiniment les mêmes antiennes, et les divagations, qui sont le risque secret, parfois frôlé, des tentatives modernes, il existe assurément une voie moyenne, celle de la probité, où l'histoire consciencieuse et l'induction prudente s'épaulent, où le texte et tout ce qui le précède et l'entoure ne sont jamais négligés l'un pour l'autre, mais concourent, de façon finalement scientifique, à la connaissance exacte, quoique datée, d'une œuvre.

Chapitre IX

RACINE ET LE CLASSICISME

Sans doute existe-t-il non pas des situations raciniennes, car ce sont souvent celles de tout, ou presque tout, le théâtre tragique de l'époque, mais un *ton racinien*. Ce ton, comment le définir ? Il émane de chaque vers, mais il émane aussi de la conduite de l'œuvre, de la clarté de l'exposition, de la pompe ou des hasards du dénouement. Le dramaturge l'a lui-même défini : c'est *la tristesse majestueuse*. Tristesse pas tellement des horreurs politiques et privées. Tristesse surtout de la condition humaine, puisque les innocents sont voués aux larmes et à la mort, que l'amour devient la haine, et que le péché fleurit sur « la bonne volonté ». Mais cette tristesse est « grande », et cette grandeur, si elle ressort de la gloire ou de la pompe des protagonistes, réside surtout dans leur clairvoyance et l'harmonie de leurs paroles.

Théâtre presque naturaliste donc — et même comédie dramatique, avec l'individualisme des personnages et l'ironie du dramaturge. Théâtre bien éloigné de l'intellectualisme cornélien. Mais ce naturalisme se refuse à toute bassesse. Dans l'esprit des personnages, puisqu'ils restent capables de comprendre leur trouble et de démasquer leurs ennemis. Mais surtout dans leur langue : l'euphonie racinienne, même dans *Bajazet*, refuse la nudité des cris, et les mensonges n'ont aucune vulgarité.

La peinture contemporaine fait comprendre, avec les Coypel ou Le Brun, comment les scènes d'horreur peuvent rester harmonieuses, comment la pompe et la suavité peuvent accompagner les bourreaux et les maudits. C'est sans doute cela le classicisme. On peut y voir l'épanouissement d'une tradition, la fleur d'une culture. On peut y voir aussi une phase de transition, puisque cette fusion du réalisme et de l'élégance, du Mal et de la pompe ne peut se maintenir indéfiniment. Il faut bien qu'un jour la vérité concrète des gestes et des sentiments s'affirme et repousse la mensongère beauté qui la vêt. Beauté qui est comme une allusion, un rêve qui rôde, la contestation au nom de l'Idéal d'une vie désolante. Mais n'est-ce pas à Baudelaire que notre analyse et nos mots nous conduisent ? Et *Les Fleurs du Mal* ne seraient-elles pas, avec leur ordre, leur mélancolie et leurs horreurs, comme un écho de Racine — l'épanouissement « classique » de la poésie du XIXe siècle, la majestueuse conclusion de tout un effort, avant les ruptures décadentes. Comme Racine enterre la tragédie, Baudelaire enterre une forme de poésie. L'extraordinaire réussite de l'œuvre de l'un et de l'autre consiste bien dans cette volonté d'affirmer un ordre et une beauté, alors que tout se dégrade et se dissout. Le XVIIIe siècle ne fut, dans la peinture et les lettres, qu'un effort continu pour dissiper les harmonies et rompre les synthèses. Sans doute en fut-il de même après 1870.

Le paradoxe du théâtre racinien le rend difficilement jouable. Les acteurs seront-ils des individus charnels qui s'entredéchirent avec violence et ruse ? Ou les éléments d'une harmonie suave et pompeuse à la fois ? L'un et l'autre sans doute — mais c'est impossible. Les metteurs en scène doivent choisir entre une interprétation poétique et une interprétation naturaliste. La cohérence est évidemment l'essentiel, et il est inacceptable que les deux Racine soient juxtaposés, et que sur la même scène s'affrontent, comme on l'a vu naguère, une Phèdre qui paraît émaner des *Rougon-Macquart* et, en Thésée, une figure élémentaire de la monarchie et de la paternité (1). C'est ainsi que ce théâtre, dont la langue et les références culturelles sont déjà si éloignées de nous, ne peut que difficilement vivre aux yeux du public. Il résiste mieux à la lecture. Peut-être est-il destiné à n'être plus, dans l'avenir, qu'un ensemble de morceaux choisis, de belles tirades faites, avant tout, pour l'analyse universitaire.

Si les autres tragédies, quelque déchirants que soient certains de leurs accents, habile leur mouvement, réfléchie leur politique, ne semblent, en comparaison que des ébauches ou des reflets, *Phèdre*, au-delà de toute la lucidité psychologique, au-delà de toute la méditation religieuse, demeure comme un rocher, l'un des sommets de l'art occidental, en tout cas, l'incarnation achevée de notre humanisme classique, avec sa culture et son désespoir, le sens de la mort et du mal et le sens de la beauté, l'appel à l'au-delà parmi les désunions et les dégradations.

(1) Mise en scène de J. Vilar, 1958. Voir Barthes, p. 139.

BIBLIOGRAPHIE SOMMAIRE

Une bibliographie exhaustive serait évidemment démesurée et presque impossible à établir. Nous ne citons ici que les ouvrages qui nous semblent les plus importants.

1. ÉDITIONS

RACINE, *Œuvres complètes*, éd. P. MESNARD, Paris, Hachette, 1885-1888, 8 vol.
— *Œuvres complètes*, éd. R. PICARD, Paris, Gallimard (La Pléiade), 1951-1952, 2 vol.
— *Œuvres complètes*, éd. P. CLARAC, Paris, Le Seuil (L'Intégrale), 1962.
— *Théâtre complet*, éd. J. MOREL et A. VIALA, Paris, Garnier, 1980.
— *Phèdre*, mise en scène de J.-L. BARRAULT, Paris, Le Seuil, 1946.
— *Bajazet*, mise en scène de X. de COURVILLE, Paris, Le Seuil, 1947.
— *Athalie*, mise en scène de G. LE ROY, Paris, Le Seuil, 1952.

2. ENVIRONNEMENT CULTUREL

R. BRAY, *La formation de la doctrine classique*, Paris, Droz, 1927.
H. CARRINGTON LANCASTER, *A History of French Dramatic Literature in the seventeenth Century*, Baltimore, Johns Hopkins, 1929-1942, 10 vol.
Paul BÉNICHOU, *Morales du Grand Siècle*, Paris, Gallimard, 1948.
Antoine ADAM, *Histoire de la littérature française au XVIIe siècle*, Paris, Domat, 1948-1956, 5 vol. (t. IV et V).
Jacques SCHÉRER, *La dramaturgie classique en France*, Paris, Nizet, 1950.
Jacques TRUCHET, *La tragédie classique en France*, Paris, PUF, 1975.

3. ÉTUDES BIOGRAPHIQUES

Alfred MASSON-FORESTIER, *Autour d'un Racine ignoré*, Paris, Mercure de France, 1910.
François MAURIAC, *La vie de Jean Racine*, Paris, Plon, 1928.
Jean POMMIER, *Aspects de Racine*, Paris, Nizet, 1954.
Raymond PICARD, *La carrière de Jean Racine*, Paris, Gallimard, 1956 (2e éd. augmentée en 1961).
René JASINSKI, *Vers le vrai Racine*, Paris, Colin, 1958, 2 vol.

4. ÉTUDES CRITIQUES

Ferdinand BRUNETIÈRE, *Les époques du théâtre français, 1636-1850*, Paris, Hachette, 1906.
Jules LEMAÎTRE, *Jean Racine*, Paris, Calmann-Lévy, 1908.

Charles PÉGUY, *Victor-Marie, comte Hugo*, Paris, 1910.
Prosper DORBEC, La sensibilité plastique et picturale dans la littérature du XVIIe siècle, dans *Revue d'Histoire littéraire de la France*, 1919.
Mario FUBINI, *Jean Racine e la critica delle sue tragedie*, Florence, Sten Editrice, 1925 (trad. E. VINAVER, Nizet, 1963).
Karl VOSSLER, *Jean Racine*, Munich, Roland Verlag, 1926.
Léo SPITZER, *Die Klassische Dämpfung in Racines Stil* (trad. dans *Etudes de style*, Paris, Gallimard, 1970).
— Le récit de Théramène, dans *Linguistics and Literary History*, Princeton University Press, 1948.
Henri BRÉMOND, *Racine et Valéry*, Paris, Grasset, 1930.
Jean GIRAUDOUX, *Racine*, Paris, Grasset, 1930.
Thierry MAULNIER, *Racine*, Paris, Gallimard, 1935.
— *Lecture de « Phèdre »*, Paris, Gallimard, 1943 (2e éd. augmentée en 1967).
Pierre MOREAU, *Racine, l'homme et l'œuvre*, Paris, Boivin, 1943.
J.-G. CAHEN, *Le vocabulaire de Racine*, Paris, Droz, 1946.
Roy C. KNIGHT, *Racine et la Grèce*, Paris, Boivin, 1950.
Jean ORCIBAL, *La genèse d' « Esther » et d' « Athalie »*, Paris, Vrin, 1950.
Georges POULET, *Etudes sur le temps humain*, Paris, Plon, 1950.
— *Mesure de l'instant*, Paris, Plon, 1968.
Eugène VINAVER, *Racine et la poésie tragique*, Paris, Nizet, 1951.
Henry de MONTHERLANT, Racine langouste ; André MALRAUX, Réponse à Henry de Montherlant ; François MAURIAC, La querelle de Racine ; Paul CLAUDEL, Conversations sur Jean Racine, *Cahiers Renaud-Barrault*, Paris, Julliard, 1955.
Lucien GOLDMANN, *Le Dieu caché*, Paris, Gallimard, 1956.
Jacques SCHÉRER, *Bajazet*, Paris, CDU, 1956.
Maurice DESCOTES, *Les grands rôles du théâtre de Jean Racine*, Paris, PUF, 1957.
Charles MAURON, *L'inconscient dans l'œuvre et la vie de Racine*, Aix-en-Provence, Orphrys, 1957.
— *Phèdre*, Paris, Corti, 1968.
Philip BUTLER, *Classicisme et baroque dans l'œuvre de Racine*, Paris, Nizet, 1959.
Roland BARTHES, *Sur Racine*, Paris, Le Seuil, 1963.
Bernard DORT, Huit clos racinien, dans *Théâtre public*, Paris, Le Seuil, 1967.
Jean STAROBINSKI, *L'œil vivant*, Paris, Gallimard, 1968.
André GREEN, *Un œil en trop*, Paris, Editions de Minuit, 1969.
Maurice DELCROIX, *Le sacré dans les tragédies profanes de Racine*, Paris, Nizet, 1970.
Jean-Jacques ROUBINE, *Lectures de Racine*, Paris, Colin, 1971.
J.-B. RATERMANIS, *Essai sur les formes verbales dans les tragédies de Racine*, Paris, Nizet, 1972.
Russell PFOHL, *Racine's « Iphigénie ». Literary rehearsal and tragic recognition* (« Histoire des idées et critique littéraire », vol. 137), Genève, Droz, 1974.
Alain NIDERST, *Les tragédies de Racine. Diversité et unité*, Paris, Nizet, 1975.
Emy BATACHE-WATT, *Profils des héroïnes raciniennes* (« Femmes en littérature », n° 1), Paris, Klincksieck, 1976.
Racine. Mythes et réalités (Actes du colloque Racine tenu à l'Université de Western Ontario, London, Canada, en mars 1974), texte établi par Constant VENESOEN, Paris, Société d'Etude du XVIIe siècle et Université de Western Ontario, 1976.
Jacques SCHERER, *Racine et/ou la cérémonie* (« Littératures modernes »), Paris, PUF, 1982.

TABLE DES MATIÈRES

Imprimé en France
Imprimerie des Presses Universitaires de France
73, avenue Ronsard, 41100 Vendôme
Août 1986 — N° 32 150